100 German Short Stories for Beginners

Learn German with Stories

Including Audiobook

German Edition

Foreign Language Book 1

Christian Stahl

ISBN:
ISBN-13:

Contents

Learning German through Short Stories

Reading culturally interesting and humorous short stories to enhance your German is an easy way to improve your language skills. This book contains a selection of 100 short stories for beginners and itermediate level learners with a wide range of genres. The aim of this book is to teach different topics, words, and phrases associated with them in a short period of time

Advance as you read

Each of the first 80 short stories take about 2 minutes to read and average about 150 to 200 words. Important words and phrases relevant to each topic were selected carefully.

The stories 80 to 100 are longer and slightly more advanced in terms of vocabulary. The stories 80 to 90 take about 3 to 4 minutes to read and are followed by English paralell text and multiple choice questions. The last 10 stories are vocabulary-oriented stories, take about 4 minutes to read and consist of most of the previously mentioned vocabulary.

At the end of this book you find a classic German short story of the early 20th century by the famous author Stefan Zweig

All stories (1 to 99) are written by a German linguist and native speaker to ensure you can learn from authentic material while fine-tuning your German vocabulary and improving your comprehension. The content is intended mainly for elementary to intermediate level learners, but it will also be useful for more advanced learnes as a way of practicing their reading skills and comprehension of the German language.

The stories have been arranged according to their degree of difficulty and each story is accompanied by a key vocabulary section and story related questions.

Using this book effectively

Follow my tips to get results fast

For the absolute language beginner it's probably more beneficial if you listen to the stories first, and then reading aloud. Then review the key-vocabulary section and reread the story once more or until you get a grasp of the story.

Vocabulary will be introduced to you at a reasonable pace, so you're not overwhelmed with difficult words all at once. Here, you won't have to look up every other word, but you can simply enjoy the story and absorb new words simply from the story's context.

The German contained in here are written using easy-to-understand grammar and vocabulary that both, those at the beginner and intermediate levels can understand, appreciate, and learn from.

Some stories are focused on dialogue. These story contains loads of natural dialogue, so you can learn conversational German as you read. This is doubly beneficial as you will improve your speaking ability as well.

Over time, you will build an intuitive understanding of how German functions. This differs from a more theoretical understanding put together via learning rules and conceptual examples. It's more important to reach to finish the story without stopping, then to understand each and every word. The simple truth is that you won't get everything your first time around. This is completely normal.

Free Audiobook in MP3 Format

You get access to the 100 stories of this book via an audio link.

At the last page you can find 2 links for 2 audio files in MP3 format. (1 file in male voice the other female)

Just write down the shortlink and type it into your browser

1. Ich möchte Lehrerin werden

Sabine geht noch zu Schule. Ihr Lehrer fragt **die Schüler**, was sie in Zukunft machen wollen.

„Welchen **Beruf** wollt ihr in **Zukunft** haben", fragt der Lehrer.

Michael hebt den Arm. „Ich möchte **Arzt** werden. Dann kann ich die Körper **aufschneiden** und sehe, was drin ist."

Lukas hebt den Arm. „Ich möchte Polizist werden. Dann kann ich **böse Menschen** erschießen". Nicole lacht und sagt: "Ich möchte Pilotin werden, dann bin ich **frei** wie ein **Vogel**". Endlich ist Sabine dran. „Ich möchte **Lehrerin** werden. Ich möchte den Schülern helfen **eine gute Entscheidung** zu treffen, was sie in Zukunft machen wollen."

Lernfragen

Was fragt der Lehrer die Schüler?

Was möchte Lukas werden?

Warum möchte Sabine Lehrerin werden?

Vokabeln

die Schüler: the students / pupils I **der Beruf**: the profession I **die Zukunft**: the future I **aufschneiden**: to cut open I **böse Menschen**: bad people I **frei**: free I **der Vogel**: the bird I **die Lehrerin**: the teacher I **eine gute Entscheidung**: a good decision

2. Eine glücklich Ehe

Mein Name ist Berta. Seit fast acht Jahren bin ich mit Helmut **verheiratet**. Mein Mann ist ein erfolgreicher **Geschäftsmann** und ich bin **Hausfrau**. Kinder haben wir nicht, aber wir unternehmen viel zusammen. Mein Mann ist sehr romantisch und auch sehr fürsorglich. Allerdings sind wir auch unterschiedlich. Mein Mann ist ein Sportler, **regelmäßig** geht er ins Fitness Studio. Ich stehe später auf und verbringe vormittags mit **Fernsehen**.

Leider habe ich auch **Übergewicht**. Ich habe meinen Mann versprochen eine Diät zu machen. Neulich kam Helmut früh nach Hause. Ich hörte nicht, als er ins Haus kam. Er erwischte mich, als ich gerade im **Keller Süßigkeiten** aß.

Lernfragen

Was ist Bertas Mann von Beruf?

Was macht Berta vormittags?

Was hat Berta ihren Mann versprochen?

Vokabeln

Eine glückliche Ehe: a happy marriage |
Geschäftsmann: business man | **die
Hausfrau**: housewife / homemaker |
regelmäßig: regularly | **Übergewicht**:
overweight | **erwischen**: to catch so. | **der
Keller**: the basement | **Süßigkeiten**: sweets

3. Das erste Mal in Deutschland

Ich bin **das erste Mal** in Deutschland. Heute Morgen bin ich mit dem **Zug angekommen**. Ich werde für ein Jahr in Deutschland **bleiben**. Das Land ist sehr gut organisiert. Überall gibt es **öffentliche Verkehrsmittel** und die Straßen sind sehr **sauber**. Die Supermärkte sind gut sortiert. Ich finde, dass die Deutschen sehr diszipliniert sind. **Pünktlichkeit** ist in Deutschland sehr wichtig. Aber viele **Sachen** sind auch **verboten**. Sonntags sind viele Geschäfte geschlossen. Die Deutschen sind sehr **höflich**. In meinem Land sind die Menschen sehr freundlich und herzlich. Ich bin nach Deutschland gekommen, um **Arbeit** zu finden.

Lernfragen

Wie sind die Straßen in Deutschland?

Was ist in Deutschland wichtig?

Wie sind die Supermärkte in Deutschland?

Vokabeln

das erste Mal: the first time I **der Zug**: the train I **ankommen**: to arrive I I **bleiben**: to stay / remain I **öffentliche Verkehrsmittel**: public transportation I **sauber**: clean I **Pünktlichkeit**: punctuality I **die Sachen**: the things I **verboten**: prohibited I **die Geschäfte**: business I **höflich**: polite I **die Arbeit**: work

4. Dialog - Unsere Katze ist verschwunden

Eines morgens finden wir **einen toten Vogel** vor der Tür.

Ich sagte meine Mutter: „ Das hat unsere **Katze** Mika gemacht"

Meine Mutter antwortete: „ Das ist die Natur."

„**Das ist gefährlich**", sagte ich.

„Warum?"

„Der tote Vogel hat **Bakterien**. Mika bringt Bakterien ins Haus."

„Du hast Recht", antwortete meine Mutter **betroffen**.

Meine Mutter musste **eine Entscheidung** treffen.

Meine Mutter nahm die Katze ins Haus.

Danach habe ich Mika **nie wieder** gesehen.

Lernfragen

Was hat der tote Vogel?

Was antwortet die Mutter betroffen?

Was macht die Mutter mit der Katze?

Vokabeln

Eines morgens: one morning | **einen toten Vogel**: a dead bird | **die Katze**: the cat | **das ist gefährlich**: this is dangerous | **Bakterien**: bacteria | **betroffen**: concerned | **die Entscheidung**: decision | **danach**: afterwards | **nie wieder**: never again

5. Unfallfrei

Gestern bin ich siebzig Jahre alt geworden. Seit über zwanzig Jahren **fahre** ich **unfallfrei**. Ich bin immer viel mit dem Auto gefahren und bin **überall** hin verreist. Ohne Auto kann ich nicht **leben**. Auch **kleinere Strecken** fahre ich mit dem Auto. Ich hatte nie einen Unfall, weil ich immer ganz **langsam** fahre. Heute Morgen wurde ich von der Polizei kontrolliert. Es war eine normale **Verkehrskontrolle** und die ganze Straße war abgesperrt. Nach der Kontrolle musste ich aussteigen. Der Polizist sagte, ich darf nicht mehr mit dem Auto fahren, weil ich noch nie einen **Führerschein** hatte.

Lernfragen

Seit wie vielen Jahren fährt der Mann unfallfrei?

Warum hatte der Mann nie einen Unfall?

Was mußte der Mann nach der Kontrolle machen?

Vokabeln

Gestern: yesterday I **fahren**: to drive I
unfallfrei: without accident/accident free I
überall: everywhere I **leben**: to live I
kleinere Strecke: short distances I
langsam: slowly I **Verkehrskontrolle**: traffic
control I **der Führerschein**: drivers license

6. Beim Bäcker

In einer viertel **Stunde** fängt meine Arbeit an.
Ich bin mit dem Auto **unterwegs** und halte
noch kurz beim Bäcker. Als ich die Tür zur
Bäckerei öffne, warten die Kunden schon in
der Reihe. Es stehen noch fünf andere
Kunden vor mir. Die Leute kaufen, Brötchen,
Schwarzbrot, Toastbrot und ein **Rentner** kauft
sich einen Kaffee **zum Mitnehmen**. In fünf
Minuten muß ich auf der Arbeit sein. Vor mir
steht noch ein Kunde. Endlich komme ich
dran. Plötzlich kommt ein alter Mann und stellt
sich vor mir. **Der Verkäufer** lächelt, und
spricht freundlich mit dem Mann. Der
Verkäufer gibt den Mann einen **Kuchen**. Ich
beschwere mich: „ Entschuldigen Sie, aber
jetzt bin ich **an der Reihe**." Der Mann und der
Verkäufer ignorieren mich. Ich nehme den
Kuchen und **werfe** sie in das Gesicht des
Verkäufers. Der Verkäufer **fällt zu Boden**.
Alle Kunden sind geschockt. „Will noch
jemand Kuchen?", frage ich. Die Kunden
rennen aus dem Geschäft, ich stehe allein im
Raum, und nehme das Brot mit.

Lernfragen

Wo halte ich noch kurz?

Was kauft der Renter?

Was gibt der Verkäufer den alten Mann?

Vokabeln

die Stunde: the hour I **unterwegs**: en route / on the way I **die Bäckerei**: the bakery I **in der Reihe**: in a row / in line / in a queue I **der Rentner**: the pensioner I **zum Mitnehmen**: (for) to go / take away I **endlich komme ich dran**: finally it's my turn I **der Verkäufer**: the salesperson I **der Kuchen**: the cake I **werfen**: to throw I **das Gesicht**: the face I **fällt zu Boden**: falls to the ground / hit the floor

7. Im Kino

Dieses **Wochenende** gibt es einen interessanten Film im Kino. Es soll ein romantischer Film sein. **Deshalb** gehe ich mit einer Frau ins Kino. Sie ist eine **Nachbarin** und ich habe sie **eingeladen**. Wir kaufen Popcorn und sitzen in der hinteren Reihe. Es folgen viele romantische Szenen. Meine Nachbarin lehnt ihren **Kopf** an meine **Schulter**. Ich nehme ihre Hand. Plötzlich steht meine Nachbarin auf. Sie ist **böse** geworden und geht schnell nach **draußen**. Ich bleibe im Kino sitzen, denn der Film ist wirklich sehr romantisch. Es war ein interessanter Abend.

Lernfragen

Was für ein Film wird am Wochenende gezeigt.

Was kaufen sie im Kino?

Was macht die Nachbarin im Kino?

Vokabeln

das Wochenende: the weekend I **deshalb**: therefore / thus I **die Nachbarin**: female neighbor I **einladen**: to invite I **der Kopf**: the head I **die Schulter**: the shoulder I **böse**: angry / mad I **draußen**: outside I **der Abend**: the evening

8. Der Taxifahrer

Hubert Meier ist von Beruf Taxifahrer. Herr Meier ist ein **fleißiger** Mensch. Bis zu zwölf Stunden am Tag arbeitet er täglich. Nur sonntags nimmt sich Herr Meier frei. **Obwohl** sein Beruf sehr **anstrengend** ist, erlebt er viel **Abwechslung**, und er lernt auch viele neue Menschen kennen. Außerdem fährt Herr Meier einen Mercedes. Darauf ist er sehr **stolz**.

Herr Meier fährt viele verschiedene Strecken. Oft muss er zum Bahnhof und dort auf **Fahrgäste** warten. Vom Bahnhof fahren viele Gäste zum Flughafen. Morgens bringt er häufig Leute ins **Krankenhaus** und abends fährt er oft Gäste zum Hotel.

In Zukunft möchte Herr Meier etwas anderes machen. Er hat schon einige Ideen. Eine **besonders** gut Idee hatte er, nachdem er sich den Film "Taxi Driver" mit Robert De Niro angeschaut hatte.

Lernfragen

Was ist Hubert Meier von Beruf?

Wann nimmt sich Herr Huber frei?

Wohin bringt Herr Huber morgens häufig die Fahrgäste?

Vokabeln

fleißig: diligent I **obwohl**: although I
anstrengend: hard / tiring I **die
Abwechslung**: change / variety I **stolz**:
proud / **die Fahrgäste**: passenger I **das
Krankenhaus** I **besonders**: especially

9. Die Bewerbung

Letzten Monat wurde ich **arbeitslos**. Ich hatte mich mit meinem Chef **gestritten**. Danach bin ich einfach nach Hause gegangen. **Das Arbeitsamt** sagt, ich kann viele Arbeiten machen. Ich bin fleißig, **ehrlich** und pünktlich. Jeden Tag schicke ich Bewerbungen an Firmen raus. Meine **Bewerbungsunterlagen** bestehen aus **Zeugnissen** und einen Lebenslauf.

Die meisten Firmen antworten nicht oder antworten mit Absagen.

Gestern bekam ich einen **Brief**. Es ist eine **Einladung** zu einem **Vorstellungsgespräch**! Die Firma kommt mir bekannt vor. Die Adresse kenne ich auch. Mein alter Chef möchte, dass ich wieder für ihn arbeite.

Lernfragen

Was sagte das Arbeitsamt?

Woraus bestehen die Bewerbungsunterlagen?

Was möchte der alte Chef?

Vokabeln

arbeitslos: unemployed ‖ **streiten**: to fight ‖
das Arbeitsamt: employment office ‖
ehrlich: honest ‖ **Bewerbung**: application ‖
die Bewerbungsunterlagen: application
documents ‖ **das Zeugnis** : certificate /
report ‖ **der Brief**: the letter ‖ **die
Einladung**: invitation ‖ **das
Vorstellungsgespräch**: the Interview

10. Im Lotto gewonnen

Mein Vater und ich haben gehört, dass mein Onkel im Lotto **gewonnen** hat. Das Spiel heißt 6 aus 49. Das heißt ,mein Onkel hat sechs **richtige Zahlen** getippt. Wir glauben, unser Onkel ist Millionär geworden. Mein Vater erklärt mir, dass mein Onkel noch zweitausend Euro **Schulden** bei ihm hat. Wir fahren unseren Onkel **besuchen**. Als mein Onkel die Tür öffnet, riecht er nach Alkohol. Er erklärt uns, er habe gar nicht im Lotto gewonnen. Mein Onkel wollte nur **angeben**.

Mein Vater **verlangt** trotztdem sein Geld. Am Ende des **Gespräches** gibt mein Onkel meinen Vater die Autoschlüssel für sein altes Auto. Damit hat mein Onkel seine Schulden **bezahlt**.

Lernfragen

Wie heißt das Lottospiel?

Wieviel Schulden der Onkel beim Vater?

Wonach riecht der Onkel als er die Tür öffnet.

Vokabeln

Gewinnen: to win I **richtige Zahlen**. Right numbers I **erklären**: to explain I **die Schulden**: debts I **besuchen**: to visit I **angeben**: to brag I **verlangen**: to demand I **das Gespräch**: conversation I **bezahlen**: to pay

11. Der Spaziergang

Jan und Maria sind gute **Freunde**. Sonntags gehen sie immer im Park spazieren. Sie gehen **meistens** zwei Stunden spazieren. Jeden Sonntag **holt** Jan Maria von zu Hause **ab**. Heute ist Sonntag und Jan hat **Geburtstag**, er ist dreizehn geworden. Jan hat eine Idee. Er klingelt an Marias **Tür**.

Maria öffnet. „Hallo Jan. ich bin noch nicht fertig. Ich muss mir noch die Schuhe **anziehen**."

„Das brauchst du nicht", antwortet Jan. „Wir gehen nicht spazieren. Ich besuche dich heute zu Hause und den Rest kannst du dir **denken**".

Lernfragen

Wann gehen Jan und Maria in den Park?

Wie alt ist Jan geworden?

Was muss Maria sich noch anziehen?

Vokabeln

der Spaziergang: the walk I **die Freunde**: friends I **meistens**: usually I **abholen**: to pick so./sth. I **der Geburtstag**: birthday I **die Tür**: the door I **anziehen**: to put on sth. / to dress I **denken**: to think

12. Im Büro

Mein Name ist Tanja und ich bin Sekretärin.
Montags habe ich immer viel tun. Morgens
fahre ich mit dem Auto ins **Büro**. Zuerst muss
ich Kaffee kochen und das Telefon
abnehmen.

Wenn mein Chef kommt, muss ich ihn einen
Gefallen tun. **Danach** fühle ich mich meistens
schlecht.

Dann fahre ich zur Post und versende Briefe.
Nachmittags räume ich das Büro auf. Wenn
ich von der Arbeit komme, muss ich meine
Wohnung **aufräumen**. Danach gehe ich
duschen. Abends gehe ich oft in den
Supermarkt zum Einkaufen. Montags gehe ich
früh ins Bett. Häufig träume ich von meinen
Chef. Ich mag meinen Chef, denn er bringt mir
häufig **Geschenke**.

Lernfragen

Was muss nach der Arbeit getan werden?

Was macht sie als erstens, wenn sie nach Hause kommt?

Von wem träumt sie häufig?

Vokabeln

fahren: to drive | **das Büro**: the office | **der Gefallen**: favor | **danach**: afterwards | **nachmittags**: in the afternoon | **aufräumen**: to clean up | **duschen**: to shower | **das Geschenk**. Gift / present

13. Unser Hotel

Wir sind gerade im Hotel **angekommen**.
Dieses Jahr machen wir **Urlaub** in Spanien.
Wir haben ein alles-inklusive Hotel gebucht.
An der Rezeption bekommen wir die
Zimmerschlüssel. Der Portier hilft uns **die
Koffer** ins Zimmer zu tragen. Das Hotel ist
sehr schön, aber die Betten sind nicht sauber,
und in der Toilette laufen Kakalacken herum.
Wir haben eine **Reiseversicherung**
abgeschlossen, die **zahlt** allerdings nicht bei
unsauberen Zimmern.

Ich habe eine Idee. Wir machen Fotos von
den Kakalacken. In einer Apotheke kaufe ich
mir ein Medikament gegen **Durchfall**. Ich
behalte den Beleg. Nach dem Urlaub schicke
ich den **Beleg** an meine Versicherung. Ich
schreibe der Versicherung, dass wir im Hotel
wegen der mangelnden Hygiene krank
wurden. Drei Monate später hat die
Versicherung uns das Hotel bezahlt.

Lernfragen

Wo verbringen wir den Urlaub?

Was haben wir abgeschlossen?

Wann hat die Versicherung das Hotel bezahlt?

Vokabeln

ankommen: to arrive I **der Urlaub**: vacations / holidays I **die Zimemschlüssel**: room keys I **die Koffer**: suticases / luggage I **die Reiseversicherung**: travel insurance I **zahlen**: to pay sth. I **der Durchfall**: the runs I **der Beleg**: receipt

14. Der Autounfall

Letzten Monat fuhr ich wie jeden Tag mit dem Auto von der Arbeit nach Hause. Ich fuhr ganz **langsam** auf der Landstraße. An einer roten Ampel hielt ich an. Plötzlich gab es einen Knall. Das hintere Auto hat mich angestoßen. Sofort **stieg** ich **aus** und sah, dass mein **Rücklicht beschädigt** war.

Der fremde Autofahrer gab seine Schuld zu und bot mir **Geld** an. Er bot mir fünfhundert Euro an. Ich lehnte ab. Ich sagte ihm, ich werde die Polizei rufen. Ich drehte mich um und wollte gerade **meine Papiere holen**, als plötzlich alles schwarz wurde.

Danach kann ich mich an nichts **erinnern**. Irgendwann wachte ich im **Krankenhaus** auf. Der Arzt sagte, man hätte von hinten **auf mich geschossen.**

Lernfragen

Wo hielt ich an?

Was tat der fremde Autofahrer zuerst?

Wo wachte ich auf?

Vokabeln

letzten Monat: last month I **langsam**: slowl(y) I **aussteigen**: to get out / exit I **Rücklicht**: tail light I **beschädigen**: to damage I **das Geld**: money I **meine Papiere holen**: to get my papers I **Krankenhaus**: hospital I **auf mich geschossen**: to shoot at me

15. Im Zirkus

Heute gehe ich mit meiner Mutter in den Zirkus. Die **Vorstellung** fängt um sechs Uhr an. Wir stellen uns in die Reihe, um Eintrittskarten **zu kaufen**. Wir **fragen** an der Kasse warum das Ticket so **teuer** ist. Der Kassierer erklärt uns, der Zirkus hat auch Tiger, und die müssen **jeden Tag frisches Fleisch** zum Fressen bekommen.

Endlich fängt die Vorstellung an. Zuerst sehen wir einen Clown, der viele **Witze** macht. Der Clown bringt viele kleine Kinder zum Lachen. Dann kommen die großen Tiere. Ein Elefant muss **ein Bein anheben**. Ein Affe wird mit einem Stock durch einen Käfig gejagt. Endlich kommen die großen Raubkatzen. Ein Tiger muss **durch einen brennenden Reifen springen**.

Ich frage meine Mutter, ob die Tiere das auch in der Natur machen. Meine Mutter sagt, sie weiß es nicht. Sie sagt auch, es ist wichtig, daß **die Zuschauer** sich amüsieren.

Lernfragen

Wann fängt die Vorstellung an?

Was bekommen die Tiger jeden Tag?

Was muss der Elefant machen?

Vokabeln

die Vorstellung: show / presentation | **zu kaufen**: to buy | **fragen**: to ask | **teuer**: expensive | **jeden Tag frisches Fleisch fressen**: eating meat ever day | **ein Bein anheben**: to lift a leg | **durch einen brennenden Reifen springen**: to jump through a burning tire

16. Deutschprüfung für das Studium

Ich heiße Tom, komme aus Amerika und möchte in Deutschland studieren. Für die **Zulassung** auf eine deutsche Universität muss ich **genügend** Deutsch sprechen. Mit einer **Sprachprüfung** wie DSH oder TESTDAF kann ich meine Kenntnisse nachweisen. Aber wenn ich einen internationalen Studiengang studieren möchte, ist das keine **Voraussetzung**. Dann kann ich meine Deutschkenntnisse in einem Sprachkurs verbessern. **Zum Glück** spreche ich schon ein bischen Deutsch.

Lernfragen

Was möchte Tom?

Womit kann er seine Kenntnisse nachweisen?

Wo kann er seine Deutschkenntnisse verbessern?

Vokabeln

die Zulassung: admission I **genügend**: sufficient I **Sprachprüfung**: language exam I **Voraussetzung**: requirement / condition I **zum Glück**: fortunately

17. Unser neues Haus

Mein Vater hat sich **ein großes Haus** gekauft.
Das Haus ist zwei **Stockwerke** hoch und hat
auf jeder Etage acht Zimmer. Meine Mutter,
mein Vater und meine Schwester leben im
Erdgeschoss. Mein Vater möchte das obere
Stockwerk **vermieten**. Mein Vater sagt, gute
Mieter zu finden ist nicht einfach. Am
Wochenende sollen viele Leute kommen, um
sich **die Wohnung** anzuschauen. Letztes
Wochenende kamen auch schon zwei
Familien. Die Leute hätten gerne die
Wohnung gemietet, aber mein Vater wollte die
Leute nicht als neue Mieter haben. Die erste
Familie war **arbeitslos** und die zweite Familie
wollte **eine kranke Großmutter** ins Haus
holen. Das wollte mein Vater nicht, denn das
würde zu viel **Unruhe** ins Haus bringen. Wir
warten bis die perfekte Familie kommt. Am
besten Leute ohne Kinder und Nichtraucher.

Lernfragen

Was hat der Vater gekauft?

Wann kommen die Leute, um sich die Wohnung anzuschauen?

Warum will der Vater nicht, dass die Grossmutter ins Haus einzieht?

Vokabeln

ein grosses Haus: a large house I **Stockwerke**: floors I **das Erdgeschoss**: ground floor / first floor I **vermieten**: to rent I **das Wochenende**: weekend I **die Wohnung**: apartment I **arbeitslos**: unemployed I **eine kranke Großmutter:** a sick grandmother I **Unruhe**: unease / trouble / disquietnesss

18. Gemeinsam lernen wir Deutsch

Mein Name ist Leila. **Seit fast drei Jahren** lebe ich in Deutschland. Ich bin damals mit meiner ganzen Familie nach Deutschland gekommen, weil es in meiner **Heimat** viel Arbeitslosigkeit gibt. Als ich ankam, konnte ich **kein Wort** Deutsch sprechen. In einer Sprachschule nehme ich jeden Abend **Unterricht**. Manchmal verstehe ich nicht alles. Dann frage ich die Lehrerin. „Können Sie bitte etwas **langsamer sprechen**?" Wenn sie langsam spricht **verstehe** ich alles. Mein Deutsch hat sich sehr **verbessert**, seit ich in einer Gruppe lerne. Es macht viel mehr **Spaß** in der Gruppe zu lernen. Ich freue mich auf den nächsten Unterricht.

Lernfragen

Wie lange lebt Lalla in Deutschland?

Was gibt es in seiner Heimat?

Was macht ihm Spaß?

Vokabeln

seit fast drei Jahren: for almost three years |
die Heimat: home / home country | **kein
Wort**: not a word | **langsam(er) sprechen**:
to speak more slowly | **verstehen**: to
understand | **verbessern**: to improve | **der
Spaß**: fun

19. Mein Urlaub ist am Wichtigsten

Ich heiße Astrid und meinen Urlaub habe ich schon seit sechs Monaten **geplant**. Im Winter ist Deutschland meistens **kalt** und vor allem sehr **dunkel**. Ich arbeite als **Putzfrau**, und für mich ist die **Urlaubszeit** eine wichtige Zeit, und Urlaub ist eine Sache, die ich immer sehr ernst nehme. Gerade im Winter sind **die Flüge** teurer, denn in Deutschland heben die Fluggesellschaften in der Ferienzeit die Preise an.

Nächsten Monat beginnt mein Urlaub. Ich werde nach Teneriffa fliegen, eine Insel im Atlantik. Teneriffa **gehört zu** Spanien. Eine Freundin von mir lebt dort. Sie wird mir die Insel zeigen und mein Plan ist es, im Urlaub Spanisch zu lernen. Ich **freue** mich schon sehr. Für mich ist die Urlaubszeit **die wichtigste Zeit** im Jahr!

Lernfragen

Wie lange hat Astrid schon ihren Urlaub geplant?

Als was arbeitet Astrid?

Wohin fliegt Astrid?

Vokabeln

planen: to plan I **kalt**: cold I **dunkel**: dark I **die Putzfrau**: maid / charlady I **die Flüge**: flights I **nächsten Montat**: next month I **gehören zu**: belongs to I **sich freuen**: to be happy / to be glad for so. | **die wichtigste Zeit**: the most important time

20. Meine Hobbys

Mein Name ist Miriam und ich kann von mir selbst sagen, dass ich viele Hobbys habe. **Das liegt daran**, dass ich besonders viele Interessen habe. Als Kind hatte ich eine große **Puppensammlung** gehabt. Jetzt interessiere ich mich sehr für **Kunst**.

Ich **male** und zeichne gerne Bilder. Außerdem **lese** ich sehr gerne Bücher, besonders **Geschichtsbücher** finde ich sehr interessant. Seit vielen Jahren spiele ich auch Klavier. **Früher** musste ich **Klavier** spielen lernen, aber jetzt gehört das zu meinen Hobbys. Eigentlich haben alle in meiner Familie viele Hobbys. Mein Bruder spielt gerne Tennis und Golf. **Mein Vater züchtet Hunde** und meine Mutter ist eine begeisterte Hobby-Köchin.

Meine Schwester hat ein kleines Boot. Von dort geht sie oft **tauchen**. Am Wochenende spielt sie Gitarre in einer Band. Eine Gitarre zu **spielen** ist nicht einfach, aber sie **liebt** die Musik! Abends gehe ich tanzen. Am liebsten tanze ich Volkstänze.

Lernfragen

Was hatte Miriam als Kind?

Wofür interessiert sie sich jetzt?

Was hat ihre Schwester?

Vokabeln

das liegt daran,..: this is due to.. I **die Puppensammlung**: doll collection I **die Kunst**: art I **malen**: to paint I **lesen**: to paint I **die Geschichtsbücher**: History books I **das Klavier**: piano I **Mein Vater züchtet Hunde**: my father is breeding dogs I **tauchen**: to dive I **spielen**: to play I **lieben**: love

21. Ein Kind hilft

Jens ist **fünfzehn** Jahre alt. Von montags bis freitags geht er in die Schule und um dreizehn Uhr fährt er mit dem Bus von der Schule nach Hause. **Normalerweise** ist der Bus voll mit Fahrgästen. Die meisten sind **Schüler**, aber es sind auch viele Rentner unterwegs. Wenn Jan im Bus sitzt und er sieht eine ältere Person stehen, **bietet** er seinen Platz **an**. Für **ältere Leute** ist es schwer lange zu stehen. An der Bushaltestelle, wo Jens aussteigt, befindet sich eine Ampel für **Fußgänger**. Um grünes Licht zu bekommen, muss ein Fußgänger auf einen Knopf drücken. Viele ältere Leute verstehen das nicht oder **vergessen** auf **den Knopf zu drücken.**

Jan hilft Rentnern und älteren Leuten sicher die Straße zu überqueren. Eines Tages hat Jens eine Idee. In wenigen Jahren muss er einen Beruf erlernen. Jens möchte **Altenpfleger** werden.

Lernfragen

Wie alte ist Jens?

Was ist schwer für ältere Leute?

Was muss Jens in wenigen Jahren machen?

Vokabeln

fünfzehn: fifteen I **normalerweise**: usually, normally I **die Schüler**: students I **(an)bieten**: to offer I **ältere Leute**: elderly people I **die Fußgänger**: pedestrians I **vergessen**: forget I **den Knopf zu drücken**: to push the buttom I **Altenpfleger**: carer for the elderly

22. Das Geld liegt auf der Straße

Jan ist wieder einmal von der Schule nach Hause gekommen. Heute hat er im Bus wieder einer **älteren Dame** seinen **Sitzplatz** angeboten. Danach hat er wieder einen Rentner geholfen, eine viel befahrene Straße **zu überqueren**. Heute ist Freitag und für diesen Abend hat Jan den Wunsch ins Kino zu gehen. Aber als Jan im Internet prüft welche Filme gezeigt werden, **findet er heraus**, daß es heute Abend nur alte Klassiker gibt. **Trotzdem** geht Jan ins Kino.

Vor der Kasse hat sich eine lange Schlange gebildet. Jan lässt einen Rentner vor, denn er versteht, dass **ältere Menschen** nicht lange stehen und warten können. Jan steht noch in der Reihe, als er ein Blatt Papier auf den Boden **entdeckt**. Aber dann merkt Jan, das ist kein Papier. Vor ihm auf dem Boden liegt Geld. Jan **hebt** den Schein **auf**. Jan hat einen zwanzig Euro Schein gefunden! Jan kauft sich von dem Geld eine Karte für das Kino.

Lernfragen

Wem hat Jan seinen Sitzplatz angeboten?

Welchen Wunsch hat Jan?

Was entdeckt Jan?

Vokabeln

die ältere Dame: elderly woman / lady I **der Sitzplatz**: seat I **prüfen**: to check I **überqueren**: to cross I **herausfinden**: to find I **trotzdem**: inspite of / despite | **ältere Menschen**: eldery people I **entdecken**: to discover I **aufheben**: to pick up

23. Die Waage

Marion hat an Gewicht zugenommen. Sie wiegt sich jeden Morgen auf einer Waage. Das letzte Mal wog sie schon über zweihundert Kilogramm. **Die Waage** schlägt bis zum **Anschlag** an. Zweimal in der Woche kommt ihre gesamte Familie **zu Besuch**. Ihre Eltern und ihre Geschwister machen sich Sorgen um Marions **Gesundheit**. Die Eltern wissen, dass Marion Pläne für eine neue Diät hat. Marion verspricht ihrer Familie, dass die neue Diät **Erfolg** haben wird, denn sie besteht nur aus vegetarischen Gerichte. Weihnachten trifft sich die Familie bei Marion im Haus. Marion sagt, sie hätte die letzten Monate zwanzig Kilo **abgenommen**. Ihre Familie glaubt es ihr nicht, ihre Mutter sagt sogar, **man kann nicht sehen**, ob sie zu oder abgenommen hat. Im folgenden Monat schickt Marion ein Foto an ihre Familie. Das Foto zeigt ihre Füße auf der Waage. Die Waage steht bei einhundert Kilogramm. Eine Sensation! Die ganze Familie freut sich. Dennoch behält Marion ihr **Geheimnis** für sich. Sie hat die Waage **heimlich**

zurückgestellt.

Lernfragen

Was mach Marion jeden Morgen?

Was verspricht Marion ihrer Familie?

Wie viel Kilo wiegt Marion?

Vokabeln

Marion hat an Gewicht zugenommen: Marion has gained weight I **der Anschlag (tech.)**: stop / limit (tech.) I **zu Besuch**: visit I **die Gesundheit**: health I **der Erfolg**: success I **abnehmen**: to lose weight I **man kann nicht sehen**: you / they cannot see I **das Geheimnis**: the secret I **heimlich**: secret / clandestine

24. Die Verkehrsregeln lernen

Unser Sohn ist schon sechs Jahre alt. Es ist Zeit, dass er die **Verkehrsregeln** lernt. Wenn man die Straße überquert, muss man zuerst nach links **schauen**, dann nach rechts. Dann **zum Schluss** wieder nach links. Erst wenn die Straße frei ist, darf er sie **vorsichtig** überqueren. Wenn kein Auto kommt, darf er die Straße auch allein überqueren. An einer Ampel muss man sich vorsichtig verhalten. Bei rot muss man immer **stehenbleiben** und bei grün darf man gehen. Manchmal muss man vorher auf einen Knopf drücken und warten bis die Ampel grün wird. In Deutschland gibt es auch viele **Fahrradwege**. Für die Fahrradfahrer muss man immer **Platz** freihalten.

Lernfragen

Wie alt ist der Sohn?

Wann darf er die Straße überqueren?

Was gibt es in Deutschland viel?

Vokabeln

die Verkehrsregeln: traffic rules I **schauen**: to look I **zum Schluss**: at the end / finally I **vorsichtig**: carefully I **stehenbleiben**: to stop I **Fahrradwege**: cycle tracks I **der Platz**: space / room / square

25. Geld leihen ist gefährlich

Nach Feierabend gehe ich gerne in **eine Gaststätte**. Dort trinke ich ein großes Bier und **manchmal** schaue ich mir im Lokal ein Fußballspiel an. Im Lokal treffe ich viele Leute mit vielen **unterschiedlichen Berufen**. Meistens gehen Männer allein in eine Gaststätte. Seit vielen Jahren kommt dort auch ein **Stammgast**. Ich glaube, der Mann kommt jeden Tag. Er erzählt gerne von sich selbst, daß er ein erfolgreicher **Geschäftsmann** ist, und viel Geld hat. Eines Tages bittet er mich um einen Gefallen. Er fragt mich, ob ich ihm fünfzig Euro **leihen** kann. Normalerweise leihe ich niemanden Geld, denn bei Geld hört die Freundschaft auf. Er sagt mir, dass er mir das Geld morgen **zurückzahlt**. Ich glaube ihm und leihe den Mann das Geld. Am nächsten Tag ist der Mann nicht da. Nach einer Woche treffe ich den Mann wieder und er gibt mir **tatsächlich** mein Geld zurück. Am nächsten Tag traf ich ihn wieder. Der Mann kommt auf mich zu und fragt, ob ich ihn einhundert Euro leihen kann. Ich sage, heute kann ich nicht. Später erfahre ich von anderen Gästen, dass er fast jeden Gast um Geld **anbettelt**.

Lernfragen

Was schaue ich mir manchmal im Lokal an?

Wann will der Mann das Geld zurückzahlen?

Was erfahre ich von anderen Gästen?

Vokabeln

die Gaststätte: bar | **manchmal**: sometimes | **unterschiedliche Berufe**: different professions | **der Stammgast**: regular customer | **der Geschäftsmann:** business man | **leihen**: to borrow / lend | **zurückzahlen**: to pay back / paypack | **tatsächlich**: actually | **betteln**: to beg

26. Soziale Medien

Mein Name ist Nicole. **Schön und gesund** auszusehen ist für mich sehr **wichtig**. Auch möchte ich sehr modisch und modern **erscheinen**. Ich habe ein Geschäft im Internet. Ich verkaufe Make-up und Parfum. Dazu benutze ich Soziale Medien.

Täglich poste ich meine Bilder auf den Sozialen Medien wie Instagram, Pinterest und verschicke **Botschaften** über Twitter und Facebook. Dort gebe ich auch Tipps wie Frauen jung und schön bleiben. Täglich lese ich neue Beiträge auf Facebook, auch **erhalte** ich viele **Freundschaftsanfragen**. Zuerst **versuche** ich neue Freunde zu gewinnen, danach versuche ich meinen Freunden über die Sozialen Medien meine Produkte anzubieten. Aus Freunden werden Kunden.

Ich werde immer **beliebter**, denn täglich gewinne ich mehr Folger und Freunde auf Facebook und Twitter. Ich glaube, ich werde in Zukunft sehr erfolgreich sein.

Lernfragen

Was poste ich täglich?

Was erhalte ich auf Facebook?

Was versuche ich über die Sozialen Medien anzubieten?

Vokabeln

Schön und gesund: beautiful and healthy I **wichtig**: important I **erscheinen**: to appear I **Botschaften**: messages I **erhalten**: to receive I **Freundschaftsanfrage**: friend request I **versuchen**: to try I **beliebt**: popular

27. Die Vorbereitung

Ich heiße Nico,und nächsten Freitag findet meine **Geburtstagsfeier** in meiner Wohnung statt. Ich werde dreißig Jahre alt. Am **Vormittag** kommen meine Eltern, meine Geschwister und meine Großeltern. Abends **lade** ich dann meine Freunde ein. Meine Mutter hilft mir schon morgens das Essen **vorzubereiten**. Wir werden zusammen Gulasch kochen und anschließend **einen Kuchen backen**. Für den Abend werden wir einen Kartoffelsalat mit viel Majonäse vorbereiten. Meine Freunde und meine Familie mögen traditionelles, deutsches Essen. **Das Wichtigste** ist die Geburtstagtorte. Die muss mit dreißig Kerzen und viel **Schlagsahne** dekoriert werden! Dreißig Kerzen bedeuten, ich bin dreißig Jahre alt geworden! Freitag wird ein wichtiger Tag werden!

Lernfragen

Wo findet meine Geburtstagsfeier statt?

Was werden wir für den Abend vorbereiten?

Was ist das Wichtigst?

Vokabeln

die Geburtstagsfeier: birthday party | **der Vormittag**: morning hours | **einladen**: to invite | **die Vorbereitung**: preparation | **einen Kuchen backen**: to bake a cake | **das Wichtigste**: the most important (thing) | **die Schlagsahne**: whip cream

28. Meine beste Freundin

Seit meiner Schulzeit bin ich mit Helga befreundet. Wir waren erst zwölf als wir uns **kennengelernt** haben. Obwohl sie in einer anderen Stadt lebt haben wir immer eine gute **Verbindung** gehalten. Später sind wir **gemeinsam** auf eine Schule in Berlin gegangen. Wir haben uns auch immer unterstützt. Meine Stärke liegt in **Sprachen** und meine **Schwäche** ist das Fach Mathematik. Deshalb hat Helga mir oft mit Mathematik **Aufgaben** geholfen und ich half ihr oft in Sprachen. Später hat sie mir auch mit vielen anderen Sachen geholfen. **Wir unterstützen uns** auch seelisch. Sie hat mich sogar oft getröstet, wenn ich **traurig** war und ich habe sie immer beruhigt, wenn sie sich **aufgeregte**. Wir haben eine gute Freundschaft und ich hoffe sie wird noch lange halten.

CHRISTIAN STAHL

Lernfragen

Wo sind wir gemeinsam zur Schule gegangen?

Was sind meine Stärken?

Womit unterstützen wir uns

Vokabeln

kennenlernen: to get to know (each other) I **die Verbindung**: connection I **gemeinsam**: together I **die Sprache**: language I **die Schwäche**: weakness I **die Aufgabe**: task / work I **wir unterstützen uns**: we support each other I **traurig**: sad I **sich aufregen**: to be fed up (with sth.) / to be upset

29. Unter der Laterne

Martin ist **ein Träumer**. Aber Martin muss auch hart arbeiten. Manchmal muss er auch bis spät in die Nacht arbeiten. **Ansonsten** lebt Martin allein. Jeden Abend wenn Martin von der Arbeit nach Hause geht, geht er durch einen Park. **Mittlerweile** ist es **Herbst** geworden. Wenn er abends nach Hause durch den Park geht, sind die Laternen schon **beleuchtet**.

Eines abends **bemerkt** Martin, wie eine junge Frau unter einer Laterne steht. Die Frau scheint auf jemanden zu warten. Martin findet die Frau sehr attraktiv. Auch am nächsten Abend steht die gleiche Frau wieder unter der Laterne. Wenn Martin abends ins Bett geht, denkt er an die hübsche Frau. Sie trägt Schuhe mit sehr **hohen Hacken**. Die nächsten Wochen steht die Frau immer noch im Park, aber Martin ist zu **schüchtern** die Frau anzusprechen.

An einem Freitagabend nähert Martin sich der Frau. Heute möchte er mit ihr sprechen. Die

Frau **lächelt** Martin an. Sie fragt ihn: „Kommst du mit?"

Lernfragen

Wo geht Martin jeden Abend entlang?

Was trägt die junge Frau

Wann nähert sich Martin der Frau?

Vokabeln

der Träumer: dreamer I **ansonsten**: otherwise I **mittlerweile**: meanwhile I **der Herbst**: autumn I **bemerken**: notice I **hohe Hacken**: high heels I **schüchtern**: shy I **lächeln**: to smile

30. Der Bauarbeiter

Früher habe ich auf einer **Baustelle** gearbeitet. Mein Beruf ist **Bauarbeiter**. Damals musste ich oft viele, **schwere Steine** getragen. Danach musste ich die Straße mit einem Besen reinigen. Eines Tages näherte sich **ein kleines Mädchen** und fragte, warum ich so viel schwitze. "„Ich muss hart arbeiten, und deshalb **schwitze** ich, und ich bin erschöpft", erklärte ich es ihr. Sie stellte mir noch einige Fragen, unter anderem warum ich so viel arbeiten muss, und warum ich nicht etwas anderes mache. Ich erklärte ihr meine **Gründe** so gut es ging.

Plötzlich näherte sich ein Mann. Es war mein Chef. Mein Chef machte **ein böses Gesicht**. „Warum stehen sie in der Gegend herum und **unterhalten** sich mit einem Kind?" Ich erklärte ihm, dass ich nur eine kurze Pause machte, und das Kind wollte nur wissen, warum ich so viel schwitze. „Wovon schwitzen Sie", fragte mein Chef. „Weil ich so viele Steine **getragen** habe", sagte ich. Darauf erwiderte mein Chef: „Genug geredet fangen Sie an." Dann ging mein Chef fort. Am nächsten Tag suchte ich mir eine andere Arbeit.

Lernfragen

Was fragte das kleine Mädchen?

Was fragte der Chef?

Was habe ich am nächsten Tag gemacht?

Vokabeln

die Baustelle: construction I **der Bauarbeiter**: construction worker I **schwere Steine**: heavy rocks I **das Mädchen**: the girl I **schwitzen**: to sweat I **der Grund**: reason I **ein böses Gesicht**: a bad / mean face I **unterhalten**: to talk I **tragen**: to carry

31. Stromausfall

Wir sind Rentner und letzten Herbst gab es
einen großen Sturm. **Begleitet** wurde der
Sturm mit viel Regen und am Ende gab es
Stromausfall. Wir hatten **plötzlich** kein Licht
mehr. **Die Heizung** und die Küche
funktionierten auch nicht mehr. Selbst die
Telefone waren tot. Das war besonders
schlimm, denn meine Frau und ich sind über
achtzig und leben in einem **Altersheim**. Alles
war dunkel und die **Aufseher** sagten, dass wir
auf die Feuerwehr warten müssen. Trotzdem
hatten wir noch viele Lebensmittel und neben
dem Altersheim befand sich ein Hotel. Das
Problem war, **die Temperatur fiel ständig**.
Am zweiten Tag fiel die Temperatur auf null
Grad. Viele ältere Menschen wurden **unruhig**,
denn es wurde nachts sehr kalt. Am dritten
Tag kamen Busse, die uns evakuieren sollten.
Wir **versammelten** uns auf dem Parkplatz,
um abgeholt zu werden. **Die Hotelgäste**
nebenan wurden zuerst abgeholt. Die Gäste
winkten uns freundlich aus den Fenstern im
Bus zu. Wir durften nicht mit, denn wir waren
keine Hotelgäste. Wir blieben im Heim, und

nach zwei Monaten kamen endlich die
Elektriker.

Lernfragen

Wann gab es einen großen Sturm?

Wo leben wir?

Wo sollten wir abgeholt werden?

Vokabeln

begleiten: acompany | **der Stromausfall**:
blackout / power black out | **plötzlich**:
suddenly | **die Heizung**: heating | **das
Altersheim**: nursery home | **der Aufseher**:
supervisor / foreman | **die Temperatur fiel
ständig**: the temperature decreased
constantly | **unruhig**: uneasy / anxious |
versammeln: to unite | **die Hotelgäste
nebenan**: the hotel guests next door

32. Die Veganerin

Marion ist übergewichtig. Marion weisst, dass sie Diät machen muss. **Deshalb liest Marion viele Diät Bücher**, die verschiedene Pläne und Diät Rezepte zeigen. Aber viele der Rezepte enthalten auf **Fleisch**. Eine Freundin sagte ihr, es sei am Besten, eine Diät ohne Fleisch zu beginnen. Wenn Marion Zeit hat, **versucht** sie die neuen Diät-Gerichte zu kochen. Aber kochen kostet Zeit und Marion hat nur eine kleine Küche. Deshalb besucht sie oft vegetarische Restaurants.

Nach einiger Zeit ist Marion Stammgast in einem exklusiven vegetarischen Restaurant geworden. Genaugenommen werden dort nur vegane Gerichte angeboten. Ihr **Lieblingsgericht** ist Gemüsesuppe.

Eines Tages fragt sie den Koch, warum die Suppe immer so besonders gut schmeckt. Der Koch antwortet, **das Geheimnis** seines Rezeptes ist, er benutzt immer Hühnerbrühe.

Lernfragen

Was weisst Marion?

Warum besucht sie oft vegetarische Restaurants?

Was ist ihr Lieblingsgericht?

Vokabeln

Deshalb liest Marion viele Diät Bücher: That's why Marion reads many diet books I **das Fleisch**: meat I **versuchen**: to try I **Nach einiger Zeit**: after some time I **das Lieblingsgericht**: favorite dish / food I **das Geheimnis**: secret

33. Ostern

Das Osterfest ist in Deutschland häufig ein Fest für die ganze Familie. Am Abend bevor das Osterfest beginnt, wird **auf dem Lande** oft ein großes Osterfeuer entfacht. Dort treffen sich Freunde, Bekannte und Familien. Wenn **das Wetter** gut ist, wird auch **gegrillt** und Musik gespielt. Ostern ist in Deutschland eine alte Tradition.

Für die Kinder ist normalerweise der Ostermorgen am wichtigsten. Am Abend zuvor **malen** die Kinder **gekochte Eier** bunt an und verstecken sie dann im Haus und Garten. Am Ostermorgen müssen die anderen Kinder dann die Eier **suchen** und alle freuen sich, wenn die Eier gefunden werden. Aber nicht immer werden alle Eier gefunden. Noch Monate später kann es sein, dass es verrotet im Haus riecht. Der Geruch kommt von alten, nicht gefundenen **vrrotteten** Eiern.

Lernfragen

Was ist für die Kinder am wichtigsten?

Wo verstecken die Kinder die Eier?

Woher kommt der Geruch?

Vokabeln

auf dem Lande: country side | **das Wetter**: weather | **grillen**: barbecue | **malen**: to paint | **gekochte Eier**: boiled eggs | **suchen**: to search / seek | **riechen**: to smell | **verottet**: rotten

34. Einen einfachen Salat

Birgit arbeitet in einem Restaurant. Sie hat ihre Arbeit erst **vor zwei Wochen angefangen**. **Meistens** arbeitet sie in der Küche, aber wenn das Restaurant voll ist, muss sie auch als **Kellnerin** arbeiten. Der Chefkoch ist in der Stadt sehr bekannt. Heute arbeitet er selbst in der Küche. Die ersten **Bestellungen** kommen herein und der Chef brüllt in die Küche: „Einen einfachen Salat, Birgit!" Birgit macht sich sofort an die Arbeit. Zuerst nimmt sie eine große Schüssel. Sie **schneidet** einen Eisbergsalat klein und mischt den Salat mit geschnittenen Gurken. Dann nimmt sie eine Tomate und schneidet sie in vier Stücke. Birgit nimmt noch einige Oliven und schneidet eine Zwiebel in Scheiben. **Zum Schluss** mischt sie alle **Zutaten** und macht eine Marinade aus Olivenöl, Essig, Salz und Pfeffer.

„Der Salat ist fertig" **ruft** Birgit in die Küche. Der Chef **schaut auf** den Salat. „Das nennst du einen einfachen Salat?"

CHRISTIAN STAHL

Lernfragen

Wo ist der Chefkoch bekannt?

Womit mischt Birgit den Salat?

Was kommt zum Schluss?

Vokabeln

vor zwei Wochen: two weeks ago I
anfangen: to start I **meistens**: mostly / most
often I **die Kellnerin**: waitress I **die
Bestellung**: order I **schneiden**: to cut I **zum
Schluss**: finally / at the end I **rufen**: to call I
die Zutaten: ingedients I **schauen**: look

35. Mein Lieblingsbuch

Seit einen Monat lese ich ein faszinierendes Buch von einem berühmten **Schriftsteller**. Das Buch ist ein Roman und handelt von einem alten Mann, der aufs **Meer** fährt, um dort zu fischen. Der alte Mann muss mit einem **mächtigen, großen Fisch** kämpfen. Am Ende gewinnt der alte Mann. Aber das Buch zeigt auch **einen tieferen Sinn**. Der Schriftsteller heißt Ernest Hemingway und das Buch wurde 1951 auf Kuba geschrieben.

Das Buch gehört zur Weltliteratur. Für dieses Werk wurde Hemingway der Nobelpreis für Literatur verliehen. **Ich möchte** in Zukunft noch mehr Bücher von diesem Schriftsteller lesen. Bücher finde ich sowieso besser als Filme.

Lernfragen

Wie heisst der Schriftsteller?

Womit muss der alte Mann kämpfen?

Was wurde dem Schriftsteller verliehen?

Vokabeln

der Schriftsteller: author I **das Meer**: sea /
ocean I **mächtigen, grossen Fisch**: mighty,
big fish I **einen tieferen Sinn**: a deeper
sense I **ich möchte**: I would like

36. Umsteigen

Markus und Helga sind **Geschwister**. Jedes Wochenende in den **Morgenstunden** fahren sie ihre Oma besuchen. Die Oma wohnt in einer anderen Stadt, außerhalb Hamburgs. **Um sie besuchen zu können** müssen die Geschwister zuerst den Zug und dann den Bus nehmen. Zuerst müssen sie mit dem Zug nach Hamburg fahren. Am Hauptbahnhof müssen sie aussteigen und in einem anderen Zug umsteigen.

Während des Umstiegs müssen die Kinder eine Stunde auf den nächsten Zug warten. Nachdem sie endlich in der **Kleinstadt** angekommen sind, wechseln sie das Verkehrsmittel und nehmen den Bus. Die ganze Fahrt dauert normalerweise drei Stunden und abends müssen sie wieder **zurückfahren**.

Lernfragen

Wohin fahren die Geschwister?

Wo müssen sie umsteigen?

Wie lange dauert die Fahrt?

Vokabeln

die Geschwister: siblings |
Morgenstunden: morning hours | **um sie
besuchen zu können**: in order to visit her |
während: during | **die Kleinsstadt**: small
town | **zurückfahren**: to drive back / return

37. Die Scheidung

Seit letztem Jahr bin ich **geschieden**. Mein
Mann ist ein Alkoholiker und kann nicht für
seine Familie sorgen. **Zum Glück** sind die
Kinder schon erwachsen. Sie brauchen
trotzdem noch **Unterstützung**. Ich treffe mich
häufig mit anderen **alleinstehenden** Frauen.
Oft unternehmen wir **gemeinsame Ausflüge**.
Viele meiner Freundinnen **heiraten** erneut.
Viele alleinstehende Menschen werden selbst
zu Alkoholikern. Ich trinke gar keinen Alkohol
und ich werde auch nicht mehr heiraten.

Lernfragen

Was ist mein Mann?

Was brauchen die Kinder?

Was machen viele meiner Freundinnen?

Vokabeln

geschieden: divorced I **zum Glück**:
fortunately / luckily I **die Unterstützung**:
support I **alleinstehend**: single I
gemeinsame Ausflüge: common / shared
excursions / trips

38. Arbeitslos

Maria ist schon wieder arbeitslos. Die letzten drei Jahre hat sie in einer großen Firma als **Buchhalterin** gearbeitet, aber die Firma ist **pleite gegangen**. Davor war sie auch lange Zeit arbeitslos. Aber Maria ist sehr optimistisch bald wieder eine neue Arbeit zu finden. Sie hält sich selbst für sehr fleißig, **zuverlässig**, pünktlich, freundlich und kontaktfreudig. Jeden Tag liest sie **die Stellenangebote** in der **Zeitung** und fast jeden Tag schickt Maria Bewerbungen raus.

Sie wird nicht aufgeben, bis sie eine Arbeit findet! Ihr **Traumberuf** ist immer noch Buchhalterin, aber Maria ist flexibel. Sie würde auch andere Arbeiten machen. Zum Beispiel würde sie auch gern als Bürokauffrau arbeiten.

Lernfragen

Als was hat Maria gearbeitet?

Was liest Maria jeden Tag?

Was schickt Maria fast jeden Tag raus?

Vokabeln

die Buchhalterin: (female) accountant / bookkeeper I **pleite gegangen**: went bankruptcy I **zuverlässig**: reliable I **die Stellenangebote**: situations offered / employment classifieds I **die Zeitung**: newspaper I **der Traumberuf**: dream job

39. Fahrkartenkontrolle

Wir sind eine Gruppe von vier Kindern. **Draußen** ist es Winter, aber wir Kinder fahren mit dem Zug. Wir sind alle schon größere Kinder, und reisen oft. Irma ist **das kleinste Kind** in unserer Gruppe. Sie ist erst neun Jahre alt. Heute fahren wir von Kiel nach Hamburg, um die Oma zu besuchen. Wir n unser eigenes **Abteil**. Es klopft an der Tür. **Der Schaffner** kommt, es ist **Fahrkartenkontrolle**! Wir zeigen dem Schaffner unsere Fahrkarte. Irma wühlt in ihrer Tasche. Sie kann die Fahrkarte nicht finden! Der Schaffner fragt, ob sie einen **Personalausweis** hat. Irma hat keine Papiere dabei. Der Schaffner sagt, dass Irma ihn folgen soll. Wir bleiben im Abteil sitzen. Dann **hält der Zug**. Es ist ein kleiner Bahnhof, in einem Dorf. Draußen weht der Schnee. Wo ist Irma? **Wir machen uns Sorgen.** Irma ist nicht zu finden. Plötzlich fährt der Zug weiter. Jetzt können wir Irma sehen! Durch das Fenster **erkennen** wir sie. Irma steht draußen auf dem Bahnsteig. Der Schaffner hat sie **rausgeschmissen**. Jetzt bemerken wir, dass

Irma auch noch ihre Jacke vergessen hat.
Irma wartet draußen ohne Jacke.

Lernfragen

Wie alt ist Irma?

Warum achen wir uns Sorgen?

Was hat Irma vergessen?

Vokabeln

draußen: outside I **das kleinste Kind**: the smallest child I **das Abteil**: cabin I **der Schaffner**: train conductor I **Fahrkartenkontrolle**: ticket inspection I **der Personalausweis**: identification card I **der Zug hält**: the train stops I **wir machen uns Sorgen**: we are worried I **erkennen**: to recognize I **rausschmeissen**: to kick out someone

40. Neue Schuhe

Heinz geht heute Schuhe kaufen. **Er fragt den Verkäufer**, ob sie auch Arbeitsschuhe haben. **Arbeitsschuhe** sind derzeit im Angebot, erfährt Heinz vom Verkäufer. Heinz sieht ein besonders schönes Paar Schuhe im Regal und fragt, ob sie diese Schuhe auch in Größe 45 haben. Der Verkäufer sagt: „Nein. Die Schuhe im Regal sind, wie sie sind". Heinz **entscheidet** sich die Schuhe aus dem **Regal** zu kaufen. Am nächsten Montag trägt Heinz die neuen Schuhe. Am Abend **humpelt** er. Seine Hacke ist wund und blutig. Die ganze nächste Woche muss Heinz Sandalen tragen. Seine Frau fragt ihn schließlich: „Warum hast du dir Schuhe gekauft, die viel **zu groß** sind?" Heinz antwortet: „Nur ein Schuh war zu groß. Aber sie waren sehr **günstig**."

Lernfragen

Was kauft Heinz heute?

Was fragt Heinz den Verkäufer?

Was fragt ihn seine Frau?

Vokabeln

er fragt den Verkäufer: he asks the salesperson I **die Arbeitsschuhe**: protective working shoes I **das Regal**: shelf I **entscheiden**: to decide I **humpeln**: to hobble I **zu groß**: oversize I **günstig**: inexpensive / cheap

41. Ich heirate mein Büro

Herr Meyer ist Buchhalter und arbeitet bei einer goßen Firma. Er hat **regelmäßige Arbeitszeiten**. Um acht Uhr fängt Herr Meyer seine Arbeit und um siebzehn Uhr hat er Feierabend. In letzter Zeit ist Herr Meyer oft **krank**. Er arbeitet auch nicht konzentriert, sagen seine Kollegen. Herr Meyer hat ein Geheimnis. Seit kurzer Zeit hat Herr Meyer **eine neue Freundin** und das Geheimnis ist, er hat sie auf der Straße getroffen. Herr Meyer **hat Geld für ihre Zeit bezahlt.**

Eines Tages sagt Herr Meyer seinen Kollegen, dass er demnächst heiratet. Doch ein Kollege erzählt den Chef, Herr Meyer hat seine Freundin auf der Straße getroffen. Der Chef sagt Herrn Meyer, er dürfe nicht länger in der Firma arbeiten, wenn er diese Frau heiratet. Herr Meyer **überlegt** sich was er machen soll. Soll er die Frau heiraten oder den Arbeitsplatz behalten? Schliesslich sagt er Meyer seinem Chef. "Ich werde heiraten. Aber nicht diese Frau, sondern meinen **Arbeitsplatz**".

Lernfragen

Wann fängt Herr Meyer die Arbeit an?

Was erzählt Herr Meyer seinen Kollegen

Was sagt der Chef?

Vokabeln

regelmäßige Arbeitszeiten: regular working hours I **krank**: sick / ill I **eine neue Freundin**: a new girlfriend I **Er hat Geld für ihre Zeit bezahlt**: he paid money for her time I **überlegen**: to think of / about I **der Arbeitsplatz**: workplace

42. Ein neues Rezept

Molli hat einen **Imbiss** in einer Kleinstadt. Sie
serviert hauptsächlich **Pommes Frites** und
Hamburger. Molli ist schon seit zehn Jahren
Besitzerin ihres Imbisses. Sie mag gerne ihr
eigenes Essen und hat deshalb die letzten
Jahre zwanzig Kilo zugenommen. Auch **die
meisten Kunden** mögen ihr Essen. Aber
einige **beschweren** sich, der Imbiss sei nicht
sauber, es laufen vielen Kakalaken über die
Tische. Aber Molli möchte gerne gesundes
Essen servieren, so dass die Kunden nicht
dick von ihrem Essen werden.

Molli kauft sich ein Kochbuch mit **gesunden
Gerichten**. Das Buch zeigt auch viele
ungewöhnliche Diät Gerichte aus Asien.
Plötzlich hat Molli eine Idee. Am nächsten Tag
verkauft sie asiatische Diät Hamburger. Den
Kunden schmecken die Hamburger
fantastisch. Ein Kunde fragt, woraus der
Hamburger **besteht**. Molli antwortet, der Diät
Hamburger besteht aus Brot, Ketchup und
Insektenfleisch. Das Insektenfleisch hat sie
selbst gemacht. Im Imbiss hat sie die Insekten

gefangen und zu Fleisch verarbeitet.

Lesefragen

Was mag Molli gerne essen?

Was kauft sich Molli?

Woraus besteht der Hamburger?

Vokabeln

der Imbiss: small restaurant | **Pommes Frites**: chips / fries | **die meisten Kunden**: most customers | **beschweren**: to complain | **sauber**: clean | **gesunde Gerichte**: healthy dishes | **bestehen / besteht**: consist(s) of | **fangen**: to catch

43. Der Lampenschirm

Eigentlich wollte Bruno Schmidt nur **eine Trommel** kaufen. In Deutschland gibt es viele **Flohmärkte** die meistens auf einem großen Parkplatz am Wochenende stattfinden. Aber der alte Mann, der dort auf dem Flohmarkt viel **Müll** und alte Sachen anbot, wollte ihn die Trommel nicht verkaufen.

„Kannst du nicht lesen", fragte der alte Mann. Er zeigte auf ein handgemaltes **Schild**. „Nimm alles für 100 Euro mit." Die Trommel allein wollte er nicht verkaufen. Bruno **schaute sich um.**

Der alte Mann hatte noch eine interessante Lampe zum Verkauf. Sie sah alt aus. Es war eine Lampe, die man sich ins **Schlafzimmer** stellt. So eine Lampe konnte Bruno gebrauchen.

Er fragte, ob er die Trommel und die Lampe **zusammen** kaufen könnte. Der alte Mann nickte. Die alte viele Verzierungen. Der Lampenschirm bestand aus altem Pergament, und hatte eine helle Farbe. Sie war auch sehr durchscheinend. Bruno entdeckte auf dem Pergament eine kleine Verzierung. Es sah aus wie **eine lange Nummer**. War es eine Tätowierung? "Woraus ist die Lampe gemacht?", erkundigte sich Bruno.

„Ich glaube nicht aus **Tierhaut**", antwortete der alte Mann.

„Ich habe sie selbst auf einem Flohmarkt in Buchenwald gekauft".

Lesefragen

Was wollte Bruno kaufen?

Woraus bestannt die alte Lampe?

Wo wurde die lampe gekauft?

Vokabeln

die Trommel: drum | **der Flohmarkt**: flea market | **der Müll**: trash / rubbish | **das Schild**: sign | **umschauen**: to look around | **zusamen**: together | **eine lange Nummer**: a long number | **die Tierhaut** | animal skin

44. Dialog - Heute gibt es Kaninchen

Paul hat ein spanisches Restaurant in Deutschland. Sein Restaurant ist Teil eines großen Hauses, wo er auch **wohnt**. Hinter dem Haus liegt ein großer, wilder Garten. Eines Nachts, als Paul gerade sein Restaurant **schließen** will, kommen noch Gäste. Seine Frau arbeitet in der Küche. Sie wundert sich, dass ihr Mann so spät noch Gäste reinlässt. „Warum willst du noch die Gäste **bedienen**", fragt sie. „**Es ist schon spät** und ich komme nie wieder aus der Küche raus", beschwert sie sich. "Die Gäste haben schon Wein bestellt", sagt Paul.

Seine Frau schimpft: „Aber die Küche ist leer. Wir haben nichts mehr im **Kühlschrank**"

Paul sagt: „Aber wir haben noch Kaninchen im Kühlschrank. Ich habe den Gästen gesagt, heute Abend habe ich nur noch Kaninchen".

Seine Frau wundert sich. „Kaninchen? Die meisten Gäste mögen kein Kaninchen".

Paul erwidert: „Ich habe ein ganz altes spanisches Kochbuch. Es zeigt **ein altes Rezept**, wie Kaninchen in Milch gekocht wird."

Seine Frau schüttelt den Kopf. „Wie lange dauert es bis du fertig bist".

„Mindestens zwei Stunden", sagt Paul. „Ich muss dem Kaninchen noch **das Fell abziehen**, denn ich habe es im Garten erschossen."

Lernfragen

Was liegt hinter dem Haus?

Worüber beschwert sich seine Frau?

Was mögen die meisten Gäste nicht?

Vokabeln

das Kaninchen: rabbit I **wohnen**: to live I **schliessen**: to close I **bedienen**: to serve I **es ist schon spät**: it is already late I **der Kühlschrank**: refridgerator I **ein altes Rezept:** an old recipe I **das Fell abziehen** I pulling the fur off

45. Der Arztbesuch

Elsa dachte, sie sei **schwanger**. Sie hatte
schon einen richtigen Bauch, als sie der
Hausarzt anrief. Ihr Arzt zeigte ihr das
eindeutige Resultat der **Untersuchung**. Sie
ist nicht schwanger und sie war auch nicht
schwanger. In den nächsten Wochen wurde
Elsa immer dicker. Die Skala der Waage
schlug bis zum Anschlag. Ihr Bauch hatte
auch so **eine merkwürdige Form**. Im **Spiegel**
sah sie aus wie eine riesige Kartoffel. Elsa
hatte auch ständig hunger. In einer Apotheke
ließ Elsa sich professionell wiegen. Sie kam
auf knapp 160 Kilo. Jetzt bekam Elsa richtig
Angst. Sie ging ins Krankenhaus und sagte,
ihr sei schlecht.

Die Ärzte untersuchten Elsa gründlich.

Niemand wusste genau an welche Krankheit
Elsa leidet.

Die Röntgenaufnahmen zeigten eine
komische Figur. **Schließlich** wurde Elsa
operiert, um Fett abzusaugen. Als Elma aus

dem Krankenhaus entlassen wurde, wog sie
nur noch 60 Kilo. Sie fragte die Ärzte nach
ihrem **Zustand**. Der Chefarzt zeigte mit dem
Finger auf dem Rasen vor dem Krankenhaus.
Dort stand ein Esel. Der Arzt zeigte auf den
Esel: „Diesen hundert Kilo **Esel** haben wir aus
ihrem Hintern gezogen."

Lernfragen

Was dachte Elsa?

Wo wiegt sich Elsa?

Auf was zeigte der Arzt?

Vokabeln

schwanger: pregnant I **die Untersuchung**:
investigation I **eine merkwürdige Form**: a
strange form / shape I **der Spiegel**: mirror I
die Angst: fear I **die Röntgenaufnahmen**:
x-ray pictures I **schließlich**: eventually I **der
Zustand**: condition I **der Esel**: donkey

46. Die Fahrradtour

Wir sind zwei fünfzehnjährige Jungen und **begeisterte Fahrradfahrer. Jedes Wochenende** fahren mein Freund und ich mit unseren Fahrrädern in **die Umgebung**. Wir wollen sportlich sein und fit bleiben und nehmen uns deshalb weite Strecken vor. Wir sind von morgens bis abends mit dem Fahrrad unterwegs. Normalerweise schaffen wir ungefähr fünfzig Kilometer am Tag. Meistens fahren wir auf Fahrradwegen, aber auf dem Lande **nehmen wir die Straße**.

Bei uns gibt es nicht viele **Berge**, aber wir fahren gern schnell und machen wenig Pausen. Wir haben solide und gut ausgestattete Fahrräder. Jedes Fahrrad hat vorne und hinten Licht, **Bremsen** und eine Klingel. Außerdem tragen wir beiden einen Helm und ein farbiges Trikot. Für mich ist es Sport, aber mein Freund denkt schon daran, eines Tages professioneller Fahrradfahrer zu werden. Er **träumt** schon von der Tour de France.

CHRISTIAN STAHL

Lernfragen

Wo fahren wir am Wochenende hin?

Was gibt es bei uns nicht viel?

Wovon träumt mein Freund?

Vokabeln

begeisterter Fahrradfahrer: enthusiastic byciclist / cyclist I **jedes Wochenende**: every weekend I **die Umgebung**: sourroundings I **wir nehmen die Straße**: we take the road I **die Berge**: mountains I **die Bremsen**: brakes I **träumen**: to dream

47. Dialog - Im Restaurant

In Deutschland kann ein **Gast** einfach in ein Restaurant gehen, und sich dort hinsetzen wo ein Platz frei ist. In besseren Restaurants fragt man auch nach der **Speisekarte**.

Der **Kellner** trägt häufig ein weißes Hemd und **schreibt** sich die Bestellung auf einem Notizbuch auf.

Der Kellner: „Guten Abend. Haben Sie sich schon was **ausgesucht**?

Der Gast: „Ich nehme das Schnitzel und einen Salat".

Der Kellner: „Was möchten Sie trinken?"

Der Gast: „Ein Mineralwasser bitte".

Nach dem Essen sagt man dem Kellner: „Die **Rechnung** bitte".

Ein **Trinkgeld** ist in Deutschland freiwillig und steht nicht auf der Rechnung.

Lesefragen

Was trägt der Kellner?

Wonach fragt man in einem Restaurant?

Was ist in einem Restaurant freiwillig?

Vokabeln

der Gast: the guest I **die Speisekarte**: the menu I **der Kellner**: waiter I **schreiben**: to write I **aussuchen**: to select I **die Rechnung**: bill / check I **das Trinkgeld**: tip

48. Zukunftspläne

Ich mache gerade Urlaub an der Ostsee und **wandere** am **Strand** entlang. Ich schaue auf das Meer. Meine **Gedanken** gehen in die Zukunft. Wie wird meine Zukunft aussehen? Was werde ich in Zukunft machen? Ich träume davon, auf die Universität zu gehen, um Medizin zu studieren. Dann könnte ich **Arzt** werden und eine eigene Praxis haben. Ich könnte auch in einem **Krankenhaus** arbeiten. Sogar die Polizei braucht Mediziner. Ich **stelle** mir **vor**, ich würde auch ein guter Chirurg sein. Ich habe eine geniale Idee. Ich werde Plastikchirurg werden. Plastikchirurgen sollen sehr viel **Geld verdienen**, besonders in Amerika. Meine Gedanken wandern weiter. Zum Schluss habe ich einen **komischen** Gedanken. Vielleicht werde ich nach Amerika **auswandern**?

Lesefragen

Wo mache ich Urlaub?

Wovon träume ich?

Wohin werde ich vielleicht auswandern?

Vokabeln

wandern: to hike I **der Strand**: beach I **der Gedanke**: thought I **der Arzt**: doctor I **das Krankenhaus**: hospital I **vorstellen**: to imagine I **Geld verdienen**: to make / earn money I **komisch**: comical / funny I **ausswandern**: to emigrate

49. Frührjahrsputz

Einmal im Jahr muss unser Haus richtig saubergemacht werden. Normalerweise **reinigen** wir das ganze Haus im März, kurz vor Ostern. Diese große Reinigung nennt man Frühjahrsputz. Wir sind eine Familie mit Kindern und wohnen in einen typisch deutsche Reihenhaus. Ein **Reihenhaus** hat normalerweise zwei Etagen. Oben befinden sich die Schlafzimmer, unten im Parterre das **Wohnzimmer** und die Küche. Wir haben auch eine Garage. Die Garage wird als erstes saubergemacht. Zum großen Frühjahrsputz gehören das Fensterputzen, die Teppichreinigung, das gründliche Wischen der **Fußböden**, die **Möbel** abstauben und abwischen, und auch die Reinigung der Matratzen. Die Kinder helfen die Möbel zu reinigen. Zum Schluss wird **der Boden gewischt**. Beim Frühjahrsputz muss die gesamte Familie helfen, alleine schaffe ich es nicht.

Lesefragen

Wann reinigen wir normalerweise das Haus?

Was wird als erstes saubergemacht?

Wer muss beim Frühjahrsputz helfen?

Vokabeln

Frühjahrsputz: spring-cleaning I **einmal im Jahr**: once a year I **reinigen**: to clean (up) I **das Reihenhaus**: town house / duplex I **das Wohnzimmer**: living room I **der Fußboden**: floor / ground floor I **die Möbel**: furniture I **den Boden wischen**: to mop the floor

50. Günstig einkaufen

Mein Name ist Fatima und heute gehe ich
einkaufen. Als Student habe ich nicht so viel
Geld und muss deshalb bei **Lebensmittel**
sparen. Außerdem **unterstützte** ich meine
Mutter im **Ausland**. Ich ernähre mich
hauptsächlich von Reis und **Gemüse. Zum
Glück** sind solche Sachen in Deutschland
sehr günstig zu kaufen. Vormittags sind die
Supermärkte meistens nicht so voll. Ich habe
mir eine Liste geschrieben. **Ich kaufe heute
für die ganze Woche.** Ich benötige Reis,
Gemüse, Milch, Thunfisch und Pasta. Wenn
ich etwas Günstiges finde, kaufe davon mehr.
Kartoffel kaufe ich wenig, das ist mehr ein
Gemüse für die Deutschen. In Deutschland
muss man alles an der Kasse bezahlen und
die **Tüten** selbst einpacken.

Lesefragen

Wovon ernährt sich Fatima hauptsächlich?

Was kauft sie wenig?

Wann sind die Supermärkte meistens nicht voll?

Vokabeln

Lebensmittel: groceries / food I **unterstützen**: to support I **das Ausland**: abroad / foreign country I **das Gemüse**: vegetable I **zum Glück**: fortunately I **ich kaufe heute für die ganze Woche**: today I buy for the whole week I **die Tüte**: bag / plastic bag

51. Parkplatzsuche

Deutschland ist ein Land der **Autofahrer**. Die meisten **besitzen** ein Auto, viele Familien haben eine Garage und mehrere Autos.

Viele Menschen im Ausland denken, die Deutschen Autos sind die Besten der **Welt**. Aber auch in Deutschland ist nicht alles perfekt. Die meisten Autofahrer in Deutschland wissen, dass es in den Städten nicht genügend **Parkplätze** gibt. Wer mit dem Auto in die Stadt fährt, muss meistens lange einen Parkplatz suchen.

In den **Innenstädten** gibt es gewöhnlich auch Parkhäuser, aber die können teuer sein. Besonders kompliziert ist das Problem der Parkplatzsuche für **Anwohner** oder Leute, die oft parken müssen. Es ist kompliziert, denn um einen permanenten Parkplatz zu bekommen, müssen die Anwohner einen Anwohnerparkschein bei einer **Behörde** beantragen. Wer keinen hat und trotzdem parkt muss eine Strafe bezahlen.

Wer in Deutschland **unerlaubt** parkt, wird auch schnell abgeschleppt. Weil parken in Deutschland so kompliziert ist, fahren auch so viele Menschen mit dem Bus.

Lernfragen

Was wissen die meisten deutschen Autofahrer?

Was muss man machen um einen permanenten Parkplatz zu erhalten?

Warum fahren so viele Menschen mit dem Bus?

Vokabeln

der Autofahrer: car driver I **besitzen**: to own sth. I **die Welt**: world I **der Parkplatz**: parking / parking space I **die Innenstadt**: inner city / centre I **der Anwohner**: resident I **die Behörde**: agency / public authority I **unerlaubt**: unauthorized

52. Wir ziehen um

Wir haben einen **Umzug** geplant, am Freitag ziehen wir um. Seit Wochen haben wir den Umzug **vorbereitet**. Alles musste in Kartons verpackt werden. Wir haben uns viele große und kleine **Kartons** gekauft und auch Listen **angefertigt**, welche Sachen in welchen Kartons verpackt sind. Für Freitag haben wir einen Transportwagen gemietet. Ein Freund **hilft** uns die Möbel ein und auszuladen. Den Transportwagen fahre ich selbst, zum Glück **bleiben** wir in derselben Stadt. Nach dem Umzug müssen wir noch die Lampen **anschliessen** und die Möbel reinigen. Zum Schluss wird die alte Wohnung richtig sauber gemacht, damit wir unsere Kaution zurückbekommen.

Lernfragen

Was haben wir geplant?

Wann haben wir einen Transporter gemietet?

Was wird zu Schluss gemacht?

Vokabeln

der Umzug: move / relocation | **vorbereiten**: to prepare | **der Karton**: box | **anfertigen**: to produce / to fabricate | **helfen**: to help | **bleiben**: to remain | **anschliessen**: to connect

53. Ein Taxi zum Flughafen.

Heute fliege ich in den Urlaub! Um elf Uhr holt mich ein Taxi ab und bringt mich zum **Flughafen**. Bis zum Flughafen brauchen wir ungefähr eine Stunde, dann ich habe ich noch zwei Stunden Zeit bis **das Flugzeug losfliegt**. Den Koffer habe ich bereits gestern gepackt. Kofferpacken ist kein **Kinderspiel**, die Kleidung muss **sorgfältig** gepackt werden und man darf nichts vergessen! Es ist bereits eine Minute vor elf und ich warte schon **angespannt** auf das Taxi. Draußen hupt ein Auto, das Taxi ist pünktlich angekommen! Der Fahrer hilft mir den Koffer einzuladen.

In Deutschland kann der Fahrgast in einem Taxi hinten oder vorne platz nehmen. Ich **bevorzuge** vorne zu sitzen. Auf der Autobahn gibt es wenig Verkehr und wir kommen pünktlich am Flughafen an. Bei der **Ankunft** gebe ich den Taxifahrer ein Trinkgeld.

Lernfragen

Um wie viel Uhr werde ich abgeholt?

Was muss sorgfältig gepackt werden?

Was gebe ich den Taxifahrer?

Vokabeln

der Flughafen: airport I **das Flugzeug**: plane / aircraft I **losfliegen**: to take off / to fly / to depart I **das Kinderspiel**: children's game / child's game / cakewalk I **sorgfältig**: carefully I **angespannt**: stressed / stiff I **bevorzugen**: to prefer so./sth. I **die Ankunft**: arrival

54. Vereine in Deutschland

Deutschland ist ein Land der **Vereine**. Was ist ein Verein? Ein Verein ist so ähnlich wie ein Club, wo sich **regelmäßig** Menschen mit **gleichen Interessen** treffen. Meistens sind es Sportvereine oder Hobbygemeinschaften. Vereine haben in Deutschland eine lange Tradition. In Deutschland gibt es über 570000 **eingetragene** Vereine! Man schätzt die gesamte Mitgliederzahl auf mindestens zwanzig Millionen. Ungefähr vierzig Prozent der Deutschen besitzen eine Vereinsmitgliedschaft.

Der Inhalt des Vereinslebens konzentriert sich auf Sport, Kultur, Freizeit und Beruf. **Allerdings** sind die meisten Vereine Sportvereine. **Der bekannteste** Sportverein ist wohl der F.C. Bayern München. Der "Allgemeine Deutsche Automobilclub" (ADAC) ist der größte Verein in Deutschland mit 16 Millionen Mitgliedern.

Lernfragen

Was hat in Deutschland eine lange Tradition?

Wieviele Menschen in Deutschland sind Mitglied eines Vereins?

Wie heisst der bekannteste Sportverein?

Vokabeln

der Verein: association / club | **regelmäßig**: regular | **gleiche Interessen**: same interests | **eingetragen**: incorporated | **der Inhalt**: content | **allerdings**: though / however / certainly | **bekannt**: known / familiar

55. Sehenswürdigkeiten

In Deutschland gibt es viele
**Sehenswürdigkeiten. Die beliebtesten
Städte** für Touristen sind wohl Berlin,
München, Heidelberg und Hamburg. Jede
Region ist anders. Viele Ausländer mögen die
deutsche Kultur. Die deutsche Küche ist bei
vielen Urlaubern sehr beliebt. Ein sehr
beliebtes **Reiseziel** ist auch das Oktoberfest
in München Ende September. In Deutschland
findet man Sachen, die auf der Welt **einmalig**
sind. Die Autobahnen sind Straßen wo auf
vielen Strecken sehr schnell gefahren wird. Es
gibt auch viele **Schlösser und Burgen**, die
viele Ausländer faszinierend finden.
Geschichte wird in Deutschland von den
Deutschen oft sehr ernst genommen.

Lernfragen

Wann findet das Oktoberfest statt?

Was finden viele Ausländer faszinierend?

Was wird in Deutschland ernst genommen?

Vokabeln

Sehenswürdigkeiten: places of interest |
die beliebtesten Städte: the most popular
cities | **einmalig**: unique | **Schlösser und
Burgen**: palaces and castles | **die
Geschichte**: history

56. Deutsches Fernsehen

Ich bin gerade von der Arbeit nach Hause
gekommen. Ich erwarte keinen **Besuch** und
möchte Fernsehen. Es gibt viele Programme
und verschiedene **Fernsehsendungen**. Als
Erstes schaue ich mir eine Sportsendung an.
Es werden alte Bundesliga Spiele von letzter
Woche gezeigt. Das ist mir zu **langweilig**. Ich
schalte auf einen anderen Kanal um. Es gibt
eine Musiksendung und eine Dokumentation.
Auf weiteren Kanälen finde ich **Nachrichten**,
Kindersendungen und **Zeichentrickfilme**. Am
Ende entscheide ich mich für eine Komödie.
Schnell **finde** ich **heraus** das ich keine
Clowns mag, selbst wenn sie lachen.

Schließlich schalte ich den Fernseher aus,
und surfe im Internet. Deutsches Fernsehen
ist nicht mein **Geschmack**.

Lernfragen

Von wo bin ich gerade gekommen?

Was schaue ich mir als erstes an?

Was ist nich mein Geschmack?

Vokabeln

der Besuch: visit I **die Fersehsendung**: tv program I **langweilig**: boring I **Nachrichten**: news I **Zeichentrickfilme**: animated cartoons I **herausfinden**: to find out I **der Geschmack**: taste

57. Alkohol kann tödlich sein

Viele Menschen trinken heutzutage zu viel
Alkohol. Es gibt viele Alkoholiker. Deshalb
sterben viele Leute an Leberzirrhose. Wie
schädlich ist Alkohol wirklich? Der Alkohol
beschädigt viele Organe, besonders **das
Gehirn, den Magen, und den Darm**. Es gibt
viele Gründe warum jemand zum Alkoholiker
werden kann. Psychologen haben
rausgefunden, dass einer der **Hauptgründe**,
warum jemand zur Flasche greift, Einsamkeit
und Frustration ist. **Die Sucht** zu besiegen,
kann sehr schwer sein. Es ist aber auch nicht
unmöglich. Meistens kann man sich
Unterstützung holen. **Ein Arzt kann auch mit
einer Therapie helfen**. Eine besondere Rolle
spielt die Unterstützung von Freunden und
Familie.

Lernfragen

Woran sterben viele Alkoholiker?

Was haben Psychologen rausgefunden

Was kann sehr schwer sein?

Vokabeln

sterben: to die | **schädlich**: harmful |
beschädigen: to damage | **das Gehirn**:
brain | **Magen und Darm**: stomach and
colon | **rausfinden**: to find out | **der
Hauptgrund**: the main reason | **die Sucht**:
addiction | **ein Arzt kann mit einer Therapie
helfen**: a doctor can help with a therapy

58. Der Geldautomat

Morgen ist Wochenende. Ich möchte im Supermarkt mit Bargeld zahlen und später ins Kino gehen. Vorher muss ich noch zum Geldautomaten, um **Geld abzuheben**.

Als Erstes stecke ich meine Bankkarte in den Geldautomaten ein. Am **Bildschirm** erscheint eine Aufforderung meine Geheimnummer einzugeben. **Die Geheimnummer**, auch Pin genannt, besteht aus vier Nummern. Danach habe ich **Zugang** auf mein **Konto**. Ich kann auch auf dem Bildschirm sehen, wie hoch mein Kontostand ist. Ich hebe fünfzig Euro ab. Nachdem ich **das Geld** abgehoben haben, muss ich meine Karte raus nehmen. Zum Schluss bekomme ich einen Beleg.

Einmal hatte ich vergessen die Karte rauszunehmen! Dann musste ich meine **Karte sperren lassen** und eine neue beantragen!

Lernfragen

Wo möchte ich mit Bargeld zahlen?

Was mache ich als Erstes?

Wie viel Geld hebe ich ab?

Vokabeln

Geld abheben: to get cash I **der Bildschirm**: monitor I **die Geheimnummer**: secret number I **der Zugang**: access I **das Konto**: account I **das Geld**: money I **die Karte sperren lassen**: to block a (credit/debit) card

59. Die Beerdigung

Letzte Woche ist meine Oma gestorben.
Die ganze Familie ist sehr **traurig**. Heute
Vormittag findet die Beerdigung statt. In
Deutschland werden die meisten Toten
begraben. Zuerst treffen sich alle in der
Kirche. Dort steht der Sarg, **hübsch** mit
Kränzen und Blumen dekoriert. Der Pastor
hält eine **Rede** über das Leben der
Verstorbenen. Danach gehen alle nach
draußen. Der Sarg wird von Trägern zum
Grab getragen. Die Familie und Freunde
folgen den Trägern. Am Ende wird der Sarg in
ein großes Loch hinabgelassen. Meine Eltern
und Geschwister werfen **Erde** auf den Sarg.

Lernfragen

Wann ist die Oma gestorben?

Was macht der Pastor?

Wer folgt den Trägern

Vokabeln

letzte Woche ist meine Oma gestorben: last week my grandmother died I **traurig**: sad I **begraben**: to bury so. I **hübsch**: pretty / nice I **die Rede**: speech I **das Loch**: hole I **die Erde**: soil / ground

60. Meine neuen Nachbarn

Seit ich in der neuen Wohnung eingezogen bin, habe ich auch neue Nachbarn. **Über uns** lebt eine Familie. Die Kinder sind noch klein. Manchmal **höre** ich wie sie spielen. Nachts **schreien** die Kinder oft. Die Eltern sind selten zu Hause. **Unter uns** lebt ein junger Mann. Er ist Student und lebt allein. In seiner Wohnung hat er eine Katze. Er **begrüßt** mich, wenn wir uns im Treppenhaus begegnen. Nächste Woche ist Mieterversammlung. Dann treffen sie alle **Mieter** des Hauses und sprechen über gemeinsame **Angelegenheiten**. Ich freue mich schon auf das Treffen. Dann werde ich alle meine neuen Nachbarn kennenlernen.

Lernfragen

Wer lebt über uns?

Wer schreit nachts oft?

Wer begrüßt mich im Treppenhaus?

Vokabeln

Über uns: above us I **hören**: to hear I
schreien: to shout / yell I **unter uns**:
beneath us / under I **begrüßen**: to greet so.
I **der Mieter**: tenant I **die Angelegenheit**:
matter / affair

61. Dialog - Auf dem Wochenmarkt

Beim **Gemüsestand**

Verkäufer: „Guten Morgen, was darf ich Ihnen **anbieten**?"

Ich: „Guten Morgen. Ich möchte 1 Kilo Tomaten und 2 Kilo Kartoffel."

Verkäufer: „Die Tomaten sind günstig. Das Kilo für 1 Euro."

Ich: „Sind die Tomaten auch **frisch**?"

Verkäufer: „Die Tomaten sind ganz frisch, sie sind **gerade gekommen**."

Ich: „Dann nehme ich 3 Kilo."

Verkäufer: „Darf es sonst noch was sein?"

Ich: „Verkaufen Sie auch Feigen?"

Verkäufer: „Nein, so etwas haben wir hier nicht."

Lernfragen

Was möchte ich kaufen?

Was ist heute günstig?

Welches Produkt wird nicht verkauft?

Vokabeln

auf dem Wochenmarkt: at the weekend
market I **der Gemüsestand**: veg stall I
anbieten: to offer I **frisch**: fresh I **gerade
gekommen**: just arrived

62. Wir gehen schwimmen

Wir sind eine Gruppe von Jungen und sind begeisterte Schwimmer. Die meisten von uns sind zwölf Jahre alt, nur Peter ist erst elf. Jeden Freitag gehen wir ins **öffentliche Schwimmbad**. Zuerst gehen wir in die **Umkleidekabinen**. Dort ziehen wir uns um und schließen unsere Sachen in einen Schrank. Danach gehen wir duschen. Vor und nach dem Schwimmen muss man duschen, das ist in deutschen Schwimmbädern **Pflicht**. Das Duschen kann bei uns ziemlich lange dauern, denn wir machen in der Dusche gerne **Witze**. Im Schwimmbad angekommen, springen wir vom Bock und schwimmen uns warm. Wir fangen mit 1000 Meter **Brustschwimmen** an. Danach geht es normalerweise mit zwanzig Minuten Freistil weiter. Zum Schluss spielen wir Wasserball. Am Beckenrand steht immer **der Bademeister** und **beobachtet** uns. Letzte Woche waren wir auch beim Schwimmen, aber wir haben hinterher nicht geduscht, denn ein fremdes Kind hatte in der Dusche seine Exkremente hinterlassen.

Lernfragen

Wie alt ist Peter?

Mit welchem Schwimmstil fangen wir an?

Wer beobachtet uns?

Vokabeln

das öffentliche Schwimmbad: public swimming pool I **die Umkleidekabine**: locker room / dressing room I **die Pflicht**: obligation I **der Witz**: joke I **der Bademeister**: pool attendant I **beobachten**: to observe

63. Der Touristenführer

Ich heiße Pepe, bin Spanier und lebe auf Mallorca. Am Wochenende zeige ich deutschen Touristen meine Stadt. **Ich spreche gut Deutsch**, denn vor zehn Jahren habe ich in Deutschland gearbeitet. Ich habe bei Volkswagen gearbeitet. Aber wegen meiner Familie bin ich nach Spanien **zurückgekehrt**. In Palma de Mallorca arbeite ich in der Woche als **Autoverkäufer**, und von Freitag bis Sonntag arbeite ich als Touristenführer. **Letztes Wochenende** hatte ich eine große Gruppe deutscher Rentner, denen ich die Stadt gezeigt habe. Ich erkläre den Touristen die Geschichte der Stadt. Am meisten interessieren sich die Leute für die Museen. Am Ende der Führung stellen mir die Leute auch **private Fragen**. Woher ich komme und warum ich so gut Deutsch spreche. Man muss immer **die richtige Antwort** haben. Das habe ich in Deutschland gelernt.

Lernfragen

Warum spricht Pepe so gut Deutsch?

Wofür interessieren sich die meisten Touristen?

Was hat Pepe in Deutschland gelernt?

Vokabeln

ich spreche gut Deutsch: I speak good German I **zurückkehren**: to return / come back I **der Autoverkäufer**: car salesperson I **letztes Wochenende**: last weekend I **private Fragen**: private question I **die richtige Anwort**: the right answer

64. Betrunken

Ich halte es nicht mehr aus. **Meine Freundin hat mit mir Schluss gemacht.** Am Kiosk **um die Ecke** habe ich mir eine Flasche Wodka gekauft. Dazu noch eine Packung Zigaretten. Ich muss abschalten! Gestern sollte es **mein letztes Glas** gewesen sein. Aber das sage ich mir seit zwanzig Jahren. Ich brauche meinen Stoff, obwohl ich alles erreicht habe.

Ich kann morgen sterben, aber es ist mir egal. Ein letztes Glas noch, mein Geist und meine Seele wollen nur den Wodka, danach ist mir alles egal.

Eigentlich **hasse** ich alles. Aber wir müssen überleben! Im Fernsehen wurde Weltuntergang angekündigt. Möge die Welt morgen untergehen. Aber unter uns, es gibt immer noch einen letzten Grund für die Flasche. Halleluja! Geh, aber geh mit Gott! Das ist mein letztes Wort. Prost! **Geh zur Hölle** oder wohin du willst!

Ich habe mir meinen Wecker auf sechs Uhr gestellt.

CHRISTIAN STAHL

Lernfragen

Warum habe ich mich betrunken

Was ist mir egal?

Auf wieviel Uhr habe ich meinen Wecker
gestellt?

Vokabeln

**Meine Freundin hat mit mir Schluss
gemacht**: my girlfriend broke up with me. I
um die Ecke: around the corner I **mein
letztes Glas:** my last drink / glas I **hassen**:
to hate I **geh zur Hölle**: go to hell

65. Die Maler kommen

Heute Morgen sind **die Maler** gekommen. Es war auch **überfällig** Unser Haus sah schon ganz verkommen aus.

Die Maler haben **eine Leiter** mitgebracht. Sie fangen draußen an und **streichen** die Außenwände. Jede **Wand** muß mit weißer Farbe gestrichen werden. Die Maler arbeiten zu zweit. Sie tragen einen **Eimer** mit Farbe, einen **Pinsel** und eine Rolle. Mit der Rolle schaffen sie in kurzer Zeit viele Wände. Für unser kleines Haus haben sie nur einen Tag gebraucht. Aber sie sind noch nicht fertig.

Morgen müssen die Innenwände im Haus gestrichen werden. Die Maler wollen sofort bezahlt werden. Alles für **Bargeld** und keine Fragen.

Lernfragen

Wie sah unser Haus aus?

In welcher Farbe werden die Wände gestrichen?

Wie lange haben die Maler gebraucht?

Vokabeln

der Maler: painter I **überfällig**: overdue I
die Leiter: ladder I **streichen**: to paint I **die
Wand**: wall I **der Eimer**: bucket I **der
Pinsel**: brush I **das Bargeld**: cash (money)

66. Mein Handy ist kaputt

Seit Tagen kann ich mein **Handy** nicht
aufladen. Erst habe ich geglaubt es liegt am
Ladegerät. Das kann aber nicht **der Grund**
sein, denn das Ladegerät funktioniert auch mit
einem anderen Telefon. Zum Glück kenne ich
ein Telefongschäft, wo sie Handies
reparieren. Ich muss das Telefon einen Tag
dort lassen, damit es **untersucht** werden
kann. Am nächsten Tag gehe ich wieder ins
Geschäft um mein Telefon abzuholen. Ich
habe ein komisches Gefühl. Der Verkäufer
zeigt mir mein Telefon. Sie haben es geöffnet.
Alles scheint schwarz zu sein! Der Mann
erklärt mir, das Telefon wurde durch einen
Kurzschluß beschädigt. Die Reparatur würde
zweihundert Euro kosten. Er sagt auch, das
Telefon sei **nass** geworden, und dadurch ist
es kaputtgegangen. Heute habe er ein
Angebot für ein neues Telefon. Das neue
Telefon kostet nur dreihundert Euro. Ich habe
keine Wahl und kaufe mir ein neues Handy.
Ich werde nie wieder mein Handy in die
Badewanne mitnehmen.

Lernfragen

Warum funktioniert das Handy nicht?

Was sagt der Verkäufer?

Was werde ich nie wieder tun?

Vokabeln

das Handy: mobile phone | **aufladen**: to charger | **das Ladegerät**: battery charger | **der Grund**: reason | **untersuchen**: to investigate | **das Geschäft**: business / store / shop | **der Kurzschluss**: short circuit / short-time overload | **nass**: wet | **keine Wahl**: no choice

67. Die Einbrecher

Ich habe die ganze Nacht **unruhig** geschlafen. Ich **schlafe** allein und plötzlich gibt es einen **Knall**. Ich **springe** aus dem Bett. Ich ziehe mir schnell eine Hose an und untersuche das Haus. Ich höre Schritte. Sie kommen aus dem Wohnzimmer. Als ich das Wohnzimmer betrete, ist es leer. Es ist **niemand** da. Jetzt **bemerke** ich, dass die Balkontür offen steht! Ich mache Licht und schaue mich um.

Die Schränke sind offen, und auf dem Boden liegen überall meine Sachen. Es waren **Einbrecher** hier! Ich fühle mich ganz schlecht. Aber schnell bemerke, ich das nichts fehlt. Alles ist unordentlich, aber die Einbrecher haben nichts mitgenommen. Sie suchten Bargeld und **Schmuck!** Das waren Drogensüchtige, denn die klauen nur Bargeld. Ich habe keine Lust die Polizei zu rufen. Am nächsten Tag besorge ich mir **eine Waffe**.

CHRISTIAN STAHL

Lernfragen

Woher kommen die Schritte?

Was steht offen?

Was mache ich am nächsten Tag?

Vokabeln

unruhig: restless I **schlafen**: to sleep I **der Knall**: bang I **niemand**: nobody I **bemerken**: to notice I **der Einbrecher**: burglar / intruder I **der Schmuck**: jewelry I **die Waffe**: gun / weapon

68. Ich kann kochen

Mein Name ist Susanne und heute **zeige** ich euch, wie man Schnitzel macht. Ich mag am liebsten Schnitzel aus **Rindfleisch**, aber es gibt viele Leute, die auch sehr gerne **Schweinefleisch** essen.

Zuerst kaufe ich **dünne** Scheiben Rindfleisch. Die schlage ich mit der flachen Hand, bis sie richtig platt sind. Ich bestreue **beide Seiten** mit Salz und Pfeffer. Ich habe drei **Teller** vorbereitet. Auf dem ersten Teller habe ich **Mehl**.

Auf dem zweiten Teller habe ich ein **geschlagenes Ei** und auf den dritten Teller habe ich Paniermehl. Die Scheiben werden zuerst im Mehl gelegt, dann in das Ei gelegt, zum Schluss im Paniermehl gewendet.

Das Fleisch wird von beiden Seiten 2 bis 3 Minuten in einer Pfanne gebraten.

Lernfragen

Was mag Susanne am liebsten?

Womit werden beide Seiten bestreut?

Was liegt auf den dritten Teller?

Vokabeln

zeigen: to show I **das Rindfleisch**: beef I
das Schweinefleisch: pork I **dünn**: slim I
beide Seiten: both sides I **der Teller**: plate I
das Mehl: flour I **geschlagenes Ei**: battered
egg

69. Die Hochzeit

Unsere Tochter **heiratet** heute. Für **die Hochzeitsfeier** haben wir ein Restaurant für einen Abend gemietet. Wir haben über hundert **Einladungen** verschickt. Wir schätzen es werden mindestens achtzig Gäste kommen. Nach der **Kirche** wird das Brautpaar mit einer schicken Limousine zum Restaurant gefahren. Zuerst werden alle Gäste begrüßt. Dann wird eine große **Torte** angeschnitten, und das Brautpaar probiert die Torte zuerst. Danach wird das Essen serviert. Wir haben fünf Gänge bestellt. Zum Schluss kommt eine Musikband und spielt Jazzmusik. Nach der Hochzeit fährt das Brautpaar in **die Flitterwochen.**

Lernfragen

Was haben wir gemietet?

Wie viele Gänge haben wir bestellt?

Wohin fliegt das Brautpaar?

Vokabeln

heiraten: to marry | **die Hochzeitsfeier**:
wedding ceremony | **die Einladung**:
invitation | **die Kirche**: church | **die Torte**:
cake | **die Flitterwochen**: honeymoon

70. Die Kleinstadt

Ich bin in Pinneberg **geboren** und in Hamburg **aufgewachsen**. Hamburg ist die zweitgrößte Stadt Deutschlands. Pinneberg ist eine **Kleinstadt** außerhalb von Hamburg.

Hamburg ist eine sehr hübsche Stadt. Hamburg hat einen großen **Hafen** und ist bekannt für die schöne **Altstadt**. Die meisten Touristen kennen auch die Reeperbahn.

Kleinstädte sind charmant, aber für ein Studium ist ein **Großstadt** wie Hamburg einfach besser. In Hamburg studieren tausende von Studenten. Sie kommen aus der ganzen Welt. Ich freue mich schon auf mein Studium.

Lernfragen

Wodurch ist Hamburg bekannt?

Wie heisst die zweitgrößte Stadt Deutschlands?

Wo bin ich geboren?

Vokabeln

geboren: born | **aufwachsen**: raised | **die Kleinstadt**: small town | **die Großstadt**: big city | **die Altstadt**: old town | **der Hafen**: port / harbor

71. Rechnungen und Verträge

Ich bin Studentin und leben in einer kleinen Wohnung. **Jeden Monat** muss ich **viele Rechnungen bezahlen**. Die Miete ist eine wichtige Rechnung. Die Miete kostet mich mehr als alles andere. Jeden Monat bezahle ich die Miete, die Wasserrechnung, mein Telefon und die **Stromrechnung**. Ich lasse die Rechnungen von meinem Konto abbuchen. Wenn mein Konto leer ist, **überweise** ich das **Geld. Verträge** muss mein einhalten. In Deutschland sind Verträge wichtig! Wer in Deutschland sich nicht an seine Verträge hält, bekommt **Schwierigkeiten**. In Deutschland ist es am Besten, Geschäfte ohne Verträge zu machen.

Lernfragen

Was kostet mich mehr als alles andere?

Wie bezahle ich meine Rechnungen?

Was mache ich, wenn mein Konto leer ist?

Vokabeln

jeden Montat: every month I **viele
Rechnungen bezahlen**: to pay many bills I
die Stromrechnung: electricity bill I **das
Geld überweisen**: to wire the money I **der
Vertrag**: contract I **Die Schwierigkeit**:
problem / trouble

72. Silvester

Silvester ist in Deutschland immer die Nacht zum 31. Januar. Die meisten Leute feiern Silvester mit Freunden und der Familie. Um **Mitternacht** gibt es immer ein Feuerwerk. Die meisten Familien bereiten auch **ein besonderes Essen** vor. Ein typisches Silvester-Essen ist **Karpfen**, Gans, oder Hotdogs. Die Deutschen **lieben** auch Kartoffelsalat. Oft wird Silvester viel Alkohol getrunken. Die meisten Leute gehen auch auf Partys, einige gehen sogar tanzen! Am 1. Januar ist in Deutschland ein **Feiertag**. Dann haben fast alle Geschäft geschlossen. Am 2. Januar ist wieder ein normaler Arbeitstag.

Lernfragen

Was gibt es um Mitternacht?

Was wird Silvester oft gemacht?

Wann ist nach Silvester in Deutschland ein Feiertag

Vokabeln

Silvester: New Years Eve | **Mitternacht**:
midnight | **ein besonderes Essen**: a special
meal | **der Karpfen**: trout | **lieben**: to love |
der Feiertag: holiday

73. Mein Führerschein

Vor drei Tagen habe ich meinen
Führerschein bekommen. Mit einen
Führerschein **darf** ich in Deutschland jedes
Auto fahren. Ich habe meinen Führerschein
kurz nach meinen 18. Geburtstag gemacht.
Ein Führerschein **ist gültig**, **solange** man
lebt. Heute werde ich zum ersten Mal alleine
auf die Autobahn. Dort werde ich das Auto
meines Vaters fahren. Mein Vater fährt einen
Porsche. Ich werde aber **langsam** fahren und
die Bierflasche lasse ich zu Hause.

Lernfragen

Wann habe ich meinen Führerschein
bekommen?

Wie lange ist ein Führerschein in Deutschland
gültig?

Wie werde ich fahren?

Vokabeln

der Führerschein: drivers license I **dürfen**: can / may I **gültig**: valid I **solange**: as long (as) I **langsam**: slow / slowly

74. Kopfschmerzen

Frau Meyer hat starke **Kopfschmerzen**. Der Arzt untersucht ihre Schulter. Der Arzt **verschreibt** der Frau **Tabletten**, die sie jeden Tag einnehmen muss. **Außerdem** gibt der Arzt der Frau eine Liste mit Aktivitäten. Sie soll regelmäßig Yoga und Meditation machen. Der Arzt sagt, die Kopfschmerzen kommen vom Stress.

Die Frau macht die Aktivitäten für mehrere Tage, aber die Kopfschmerzen gehen nicht weg. Nach einer Woche geht sie wieder zum Arzt.

„**Fühlen** Sie sich **besser**?", fragt der Arzt.

Sie sagt nein. Sie erklärt dem Arzt, sie bekomme immer Kopfschmerzen, wenn sie **nervös** ist.

„Schlafen Sie genug?", fragt er. Sie weiß es nicht.

Nach einer weiteren Untersuchung verschreibt ihr der Arzt Tabletten gegen Nervosität,

Tabletten gegen Stress und Valium zum Schlafen. Zu Hause hat Frau Meier einen Karton voller Tabletten.

Lernfragen

Was untersucht der Arzt?

Wann geht die Frau wieder zum Arzt?

Wann bekommt die Frau Kopfschmerzen?

Vokabeln

die Kopfschmerzen: headache I **verschreiben**: to prescribe so. /sth. I **die Tablette**: pill / tablet / pellet I **außerdem**: besides I **sich besser fühlen**: to feel better I **nervös**: nervous / edgy

75. Dialog: Die Fahrradtour

Letzte Woche fuhr ich mit dem Fahrrad zur Universität. Auf der Straße gab es zwei **Fahrradwege**. Auf der **gegenüberliegenden** Seite fuhr ein junges Mädchen. Sie sah sehr hübsch aus. Sie fuhr mit mir parallel in eine **Richtung**.

Plötzlich hielt sie an, und schrie. „Du fährst auf der falschen Seite!"

Wir hielten beide an. Sie **kam näher**. „Kennst du die Verkehrsregeln nicht?", fragte sie mich.

Ich sagte: „Ich wollte nur **Zeit sparen**".

Sie erwiderte: „Du sparst keine Zeit, wenn du jemanden **verletzt**. Ein **Unfall** könnte dein Fahrrad beschädigen. Du könntest im Krankenhaus landen! Das alles kostet Zeit. Täglich passieren Unfälle, weil die Leute keine Zeit haben! Willst du auch verletzt werden?"

Ich fragte sie daraufhin: „Bist du verheiratet?"

Lernfragen

Was gab es auf der Straße?

Wo fuhr das Mädchen ihr Fahrrad?

Was sagte ich zuerst?

Vokabeln

der Fahrradweg: cycle track |
gegenüberliegend: opposite / opposed | **die
Richtung**: direction | **näher kommer**: to
come closer | **Zeit sparen:** to save time |
verletzen: to hurt | **der Unfall**: accident

76. Dialog: Riechen alte Leute?

In der Schule fragt Sandra ihre **Klassenkameraden**: „Stimmt es eigentlich, daß alte Leute anders **riechen**?"

Ihre Freundin Gabi antwortet: „Na klar, die riechen alle verrottet."

Jürgen lacht. „Nein verotten tun nur **die Toten**. Alte Menschen sind noch nicht tot. Die leben noch."

Gabi kichert. „Na gut. Dann **nennen** wir sie eben **reif**. Mir ist es aber egal wie wir alte Leute bezeichnen. Ich möchte nur nicht in deren Nähe sein."

Jürgen **hebt** die Hand. „Wartet mal. Ich habe mal ein Experiment auf YouTube gesehen. Es zeigt, dass alte Leute gar nicht anders riechen. **Wissenschaftler** haben eine Gruppe von alten Leuten in **Hemden** schlafen lassen. Dann haben sie Leute im mittleren Alter in Hemden schlafen lassen. Danach kamen die **jungen Leute** dran. Jede Person musste im selben Hemd fünf Nächte schlafen, und die Hemden wurden nicht gewaschen. Sie haben **Freiwillige** gefragt, an den Hemden zu riechen. Die Freiwillen haben gesagt, daß die Hemden der alten Leute am Besten riechen."

„Was waren das denn für Freiwillige, die an alten Hemden riechen wollen?", fragt Sandra.

Jürgen: „Das waren natürlich Rentner."

Lernfragen

Warum lacht Jürgen?

Wieviele Nächte musste die Gruppe im sleben Hemd schlafen?

Was haben die Freiwilligen gesagt?

Vokabeln

der Klassenkamerad: class mate I **riechen**: to smell I **die Toten**: the death I **nennen**: to call I **reif**: mature I **heben**: to raise I **der Wissenschaftler**: scientist I **das Hemd**: shirt I **junge Leute**: young people I **der Freiwillige**: volunteer

77. Unsere Hoffnung, der Nachbar

Meine Mutter und ich beobachten unseren neuen Nachbarn. Jeden Morgen um acht Uhr **verlässt** er sein Haus. Wir beobachten ihn vom **Küchenfenster**. Der Mann ist jung, und hat einen Anzug an. Er trägt auch eine **Krawatte**. Es sieht sehr elegant aus. Wir glauben er ist ein Mann mit Klasse. Es kommt und geht pünktlich.

Meine Mutter hat auch viele Freunde. Oft **läd** sie fremde Männer ins Haus **ein**. Die Männer sind sehr freundlich und geben meiner Mutter häufig **Geschenke**. Wenn die Männer wieder verschwinden, gehen wir einkaufen. Eines Tages treffen wir den neuen Nachbarn im Supermarkt. Meine Mutter lächelt den Mann an. Sie kommen ins **Gespräch**. Der Nachbar kommt zu uns ins Haus und verbringt Zeit mit meiner Mutter. Einen Monat später sagt meine Mutter: „Wir ziehen um. Wir leben in Zukunft bei Hans, unseren Nachbarn. Wir werden mit ihm **zusammenleben**.

Lernfragen

Von wo aus beobachten wir unseren Nachbarn?

Was trägt der Mann?

Wie heisst der Mann?

Vokabeln

verlassen: to leave I **das Küchenfenster**: kitchen window I **die Krawatte**: tie / necktie I **einladen**: to invite I **das Geschenk**: gift / present I **das Gespräch**: conversation I **zusammenleben**: to live together

78. Mein Bruder hat Beschwerden

Mein Bruder Markus **fühlt sich** ganz **schlecht**. Seit gestern liegt er im Bett. Seine Beschwerde sind **Übelkeit**, Kopfschmerzen, **Husten** und Durchfall. Ausserdem fühlt er sich volkommen erschöpft und müde. Mein Vater fährt meinem Bruder zum Arzt. Der Vater erklärt **die Beschwerden** dem Arzt und der Arzt untersucht Markus. Der Arzt findet heraus, dass Markus eine eine **Lebensmittelvergiftung** hat. Das ist ganz **gefährlich!** Der Arzt sagt außerdem, dass Markus im Bett bleiben und Medikamente einnehmen muss. **Zweimal täglich** muss er eine Tablette einnehmen. Mein Bruder glaubt, seine **Lebensmittelvergiftung** komme von einem Döner, den er **den Tag zuvor** gegessen hatte.

Lernfragen

Seit wann liegt Markus im Bett?

Was findet der Arzt heraus?

Was muss Markus einnehmen?

Vokabeln

er fühlt sich schlecht: he feels bad | **die Übelkeit**: nausea | **der Husten**: cough | **die Beschwerden**: pain / trouble | **die Lebensmittelvergiftung**: food poisoning | **gefährlich**: dangerous | **zweimal täglich**: twice a day | **den Tag zuvor**: the day before

79. Deutsche Kultur

Ich sitze mit mehreren Studenten in einem Café.

Wir haben ein internationales **Treffen**. Amerikaner, Franzosen und Deutsche sitzen an einem **Tisch** und diskutieren.

Der Amerikaner fragt: „Was ist eigentlich Deutsche Kultur?"

Ich sage darauf: "**Das kann Vieles sein**. Deutsche Literatur, Theater, Kunst oder auch die Art wie wir sprechen."

„Gehört auch Benehmen dazu?", fragt der Amerikaner.

„Benehmen im Allgemeinen schon", sagt der Franzose.

"Wenn ich mich **benehme**, bin ich kultiviert", sagt der Amerikaner lächelnd.

„Mehr oder weniger."

„Kann man in Deutschland auch sagen, ich

habe Kultur, und du nicht?", fragt der Franzose.

„Nein, das wäre arrogant", **behaupte** ich.

Lernfragen

Wieviele Nationalitäten sitzen am Tisch?

Gehört Benehmen zur Kultur?

Was kann man in Deutschland nicht sagen?

Vokabeln

das Treffen: meeting I **der Tisch**: table I **das kann Vieles sein**: this can be anything I **benehmen**: behaviour / conduct I **behaupten**: to claim

80. Der Schlüssel

Heute habe ich Verspätung. Ich muss ganz schnell **zur Arbeit fahren**. Ich **springe** ins Auto und fahre los. Als ich auf der Autobahn bin, bin ich mir nicht sicher, ob ich meinen Haustürschlüssel mitgenommen habe. Ich fasse in meine **Tasche**. "Mein Gott! Ich habe meinen **Schlüssel** vergessen", sage ich laut.

Ich **kehre um** und fahre zurück. Ich halte direkt vor der Tür. Dort darf man normalerweise nicht parken. Ich wohne im siebten Stock und renne **die Treppen** noch. In meiner Wohnung suche ich nach meinem Schlüssel. Nach zehn Minuten habe ich endlich den Schlüssel gefunden. Ich hatte den Schlüssel in einer Jacke **vergessen!**

Ich renne zurück zum Auto. Ich schaue mich um. Wo ist mein Auto?

Lernfragen

Was sage ich laut?

Warum kehre ich um?

Wo suche ich nach meinem Schlüssel?

Vokabeln

die Verspätung: delay / lateness I **zur Arbeit fahren**: to drive to work I **springen**: to jump I **die Tasche**: bag I **der Schlüssel**: key I **umkehren**: to turn around / to turn back / return I **die Treppe**: stairs I **vergessen**: to forget

German Short Stories For Intermediate Learners And English Parallel Text

81. Abenteuer in der Sauna
Adventures in the spa

Herr Schmidt ist ein **Geschäftsmann**. Er hat einen kleinen **Imbiss** in einem Bahnhof, dort verkauft er frittierte Schnitzel und **Pommes**.

Mr. Schmidt is a business man. He owns a small restaurant at a railway station where he sells schnitzel and fries.

Er hat viele **Stammgäste**, die meisten Kunden **mögen** seine Gerichte.
Nach **Feierabend** geht er häufig in eine Sauna und entspannt sich.

He has a lot of regular guests because most of the customers like his food.
In the after-work hours he frequently goes to a spa to calm down and relax.

Vor einiger Zeit ging Herr Schmidt wieder in die Sauna. **Eigentlich** ist es eine typische Saunalandschaft, wie man sie häufig in vielen Deutschland in Städten findet. Sie sind **eingerichtet** mit mehreren Saunen und

Schwimmbad.

Some time ago Mr. Schmidt went again to the sauna. Actually it isa typical spa facility as they can be found in many German cities. They are furnished with several saunas and a swimming pool.

An diesem Tag schien die Temperatur in der Kräuter Sauna **besonders** hoch. Herr Schmidt saß schon in der Sauna auf der Bank, als die Tür aufging. Ein Mann kam herein. Herr Schmidt **erkannte** den Mann sofort. Er war ein **Kunde**. Allerdings mochte er den Kunden nicht. Der Kunde hatte ihn einmal **denunziert**, weil der Kunde meinte, sein Imbiss sei **dreckig**.

That day the temperature of the herbal sauna seemed to be especially high. Mr. Schmidt had already been inside the sauna and sweating on the sauna bench when the door opened. A man came in. Mr. Schmidt recognised the man immediately. It was a customer. However, he didn't like this customer. Once the customer had denounced him because he thought the restaurant was dirty.

Auch der andere Mann erkannte Herrn Schmidt.

Der Mann lächelte: «Guten Abend Herr Schmidt, wie geht es Ihnen?"

«**Alles in Ordnung**, vielen Dank. »

«Schwitzen reinigt den Körper», sagte der Mann.

The other man also recognized Mr. Schmidt.

The man smiled: "Good evening, Mr. Schmidt how are you?"

"Everything is well, thank you."

"Sweating cleans the body", said the man.

Herr Schmidt hatte genug für heute und verließ die Sauna. Er ging **duschen**. Diesmal duschte Herr Schmidt lange, denn er ärgerte sich über den Mann. Nach dem Duschen ging Herr Schmidt in die **Umkleidekabine**, einen großen Raum mit vielen Schränken.

Mr. Schmidt had enough for the day and left the sauna. He went for a shower. This time Mr. Schmidt took a long shower, because he had gotten annoyed by the man. After the shower Mr. Schmidt went into the changing room, a big room with lots of lockers.

An einem Haken hingen **die Handtücher**. Herr Schmidt trocknete sich ab, das Handtuch war nass, aber er fühlte sich jetzt besser. Langsam verliess Herr Schmidt die Saunalandschaft. Draussen vor demAusgang, traf er den Kunde, den er in der Sauna traf. Er stand vor der Tür.

The towels were hanging on a hook. Mr. Schmidt toweled himself, the towel was wet, but he felt better now. Mr. Schmidt slowly left the sauna area. Then at the exit he met the client again. He was standing at the door.

Der Mann schaute Herrn Schmidt an und lächelte: «Entschuldigen Sie, Herr Schmidt, aber sie haben mein Handtuch **benutzt und mitgenommen!**»

Herr Schmidt schüttele den Kopf. «Nein, das glaube ich nicht."

«Schauen Sie bitte in ihre Tasche», sagte der Mann.

Herr Schmidt öffnete seine Tasche und zog das Handtuch heraus.

The man looked at Mr. Schmidt and

smiled: "Excuse me, Mr. Schmidt, but you have used and taken my towel!"

Mr. Schmidt shook his head. "No, I don't think so."

"Please have a look in your bag." said the man.

Mr. Schmidt opened his bag and pulled the towel out.

Der andere Mann lächelte immer noch. "Schauen Sie hier, dort **in der Ecke** des Handtuches sind Buchstaben mit schwarzer Schrift markiert.

«A.H.», fragte Herr Schmidt.

«Das bin ich», sagte der Mann.

Herr Schmidt gab den Mann sein Handtuch zurück. Danach ging er nie wieder in die Sauna.

The other man still smiled. "Look here, in the corner of the towel I have written some letters with a black marker.

"A.H.", asked Mr. Schmidt.

"That's me", said the man.

Mr. Schmidt gave the towel back to the man. Afterwards he never went back to the sauna.

Zusammenfassung

Herr Schmidt besucht eine Sauna und trifft dort einen Kunden. Herr Schmidt mag den Kunden nicht, weil dieser ihn vormals denunziert hatte. Unbewusst trocknet sich Herr Schmidt mit dem Handtuch des Kunden ab und nimmt das Handtuch mit, wird aber am Ausgang vom Kunden abgefangen und nach dem Handtuch befragt.

Vokabeln

der Geschäftsmann | *businessman*

der Imbiss | *small restaurant*

die Pommes | *chips / fries*

die Stammgäste | *regular guests*

mögen | *to like something*

der Feierabend | *after-work hours*

häufig | *frequent / frequently*

eigentlich | *actually*

eingerichtet | *furnished*

denunziert/ denunzieren | *to denounce someone*

besonders | *especially*

erkannte (erkennen) | *recognized*

ein Kunde | *a customer*

dreckig | *dirty*

alles in Ordnung | *everything is okay*

duschen | *to shower*

die Handtücher | *towels*

draußen | *outside*

in der Ecke | *in the corner*

benutzt und mitgenommen | *used and took it*

Beantworte die folgenden Fragen im Auswahlverfahren.

Nur eine Antwort je Frage ist richtig

1. Was für eine Art Geschäft hat Herr Schmidt?

a) Eine Sauna

b) Er verkauft Autos

c) Er verkauft Handtücher

d) Er hat einen Imbiss

2. Was macht Herr Schmidt häufig nach Feierabend?

a) Er geht in eine Sauna

b) Er geht ins Kino

c) Er besucht seine Freundin

d) Er geht Essen

3. Warum hat der Kunde Herrn Schmidt denunziert?

a) Der Kunde mochte das Essen im Imbiss nicht

b) Der Kunde fand, der Imbiss ist dreckig

c) Herr Schmidt schwitzt immer in der Sauna

d) Der Kunde findet Herrn Schmidt dreckig

4. Nach der Sauna beschuldigt der Kunde Herrn Schmidt:

a) Herr Schmidt hat in der Sauna zu sehr geschwitzt

 b) Herr Schmidt hat nicht "Guten Abend" gesagt

c) Herr Schmidt hat sein Handtuch benutzt und mitgenommen

d) Herr Schmidt hat nach der Sauna nicht geduscht

Lösung aus Kurzgeschichte 1

1 d

2 a

3 b

4 c

82. Eine religiöse Familie
A religious family

Ingo und seine **Schwester** Stefanie leben in einer kleinen katholischen Stadt in Süddeutschland. Ingo ist zwölf Jahre alt, Stefanie ein Jahr jünger. Beide sind intelligente Kinder, und auch sehr modern. Sie lieben es im Internet **zu spielen**, und sind auch begeisterte Video Spieler. Ihre Eltern sind beide **Pädagogen**, ihr Vater arbeitet im **Krankenhaus**, die Mutter ist **selbständig**, und hat eine eigene kleine psychiatrische Praxis. Es ist **Weihnachtszeit**, aus den Geschäften und Supermärkten dröhnen schon **Weihnachtslieder**.

Ingo and his sister Stefanie are living in a little Catholic town in South Germany. Ingo is twelve years old Stefanie is one year younger. They are both intelligent childre and also very modern. They love to play on the internet and are passionate video gamers. Their parents are both educationists, their father works in the hospital and the mother is independent and has her own small psychiatric office. It is Christmas time and Christmas songs are blasting out of the shops and supermarkets.

Obwohl konservativ **erzogen**, haben die Geschwister überhaupt **keine Lust** auf Weihnachten. In den letzten Jahren, wenn entfernte **Verwandte** zu Besuch kamen, gab es häufig **Streit**. Letztes Wochenende, an einem katholischen Feiertag, kam ein Kollege des Vaters zu Besuch. Irgendwie kam es zu einer Auseinandersetzung. Anscheinend ging es um Kirchen oder Religion.

Although the siblings are conservatively educated they don't like Christmas. In the last years, when distant relatives visited them, there were a lot of arguments. Last weekend, on a Catholic holiday a colleague of their father came to visit. Nevertheless, a dispute started. Apparently it was about church or religion.

Die Geschwister fanden heraus, dass ihre Eltern **die Absicht** hatten, zur Weihnachtsmesse in die Kirche zu gehen. Eine ungewohnte Situation, denn normalerweise gehen die Eltern nie in die

Kirche, außer eben Weihnachten. Die Mutter ist aber der Meinung, in einer kleinen Stadt wird viel geredet, man **passt** sich besser **an** und zeigt sich in der Kirche. Damit bezeugt man auch, dass man ein guter Mensch ist. Stefanie und Ingo sind da aber ganz anderer Meinung.

The siblings found out that their parents had the intention to go to the Christmas service in the church. An unfamiliar situation because usually the parents never go to church, except Christmas. However, their mother's opinion is that in a small town there is a lot of talk and it would be better to show up at church. Furthermore, it would show that she's a good person. Stefanie and Ingo had a different opinion.

Weihnachten möchten die Geschwister zu Hause bleiben. Am Liebsten möchte Ingo an einem Live-Spiel im Internet teilnehmen, und Stefanie hat auf Facebook zu tun. Es kommt zum Eklat, die Eltern beschuldigten die Kinder **faul** zu sein und kein **Benehmen** zu haben.

Nach dem Streit beraten sich die Eltern. Was sollen sie tun? Die Mutter hat eine Idee.

Warum sich nicht mit anderen Psychatern in der Praxis **treffen**, und mit Kollegen darüber sprechen?

At Christmas the siblings want to stay at home. Ingo preferably wants to participate at a live game on the internet and Stefanie is busy on Facebook. A dispute arises; the parents blame the children to be badly educated and not to have manners. After a discussion the parents have a talk. What shall they do? The mother has an idea. Why shouldn't they meet other psychiatrists at the office and talk with their colleagues?

Die Eltern führen Telefonate und am Abend trifft sich eine kleine Gruppe von Pädagogen und Psychiatern zum Meinungsaustausch in der Praxis. Ingo und Stefanie sind überrascht, als ihre Eltern nach der Rückkehr vom Treffen ihnen mitteilen, sie bräuchten Weihnachten nicht in die Kirche gehen. Stefanie möchte wissen, warum die Eltern ihre Meinung geändert haben. Die Mutter antwortet, die Kollegen hätten sie analysiert, und es hatte sich **herausgestellt**, dass sie beide nur ein kleines bisschen krank sind, denn ihre Eltern seien nur ein bisschen religiös, und Religion sei schließlich eine Art von **Gehirnkrankheit**.

The parents make some calls and in the evening a small group of pedagogues and psychiatrists meet for an exchange of opinions at the office.

Ingo and Stefanie are surprised as their parents return from the meeting and explain that they don't have to go to church at Christmas. Stefanie wants to know why the parents have changed their mind. The mother answers that the colleagues had analyzed them and it turned out that both parents were a little sick because they are just a little religious and religion after all is a type of brain disease

Zusammenfassung

Die Eltern sind Psychologen. Die Kinder möchten Weihnachten nicht in die Kirche. Es kommt zum Streit. Die Eltern beraten sich mit Psychiatern und finden heraus, dass sie beide nicht religiös sind. Die Kinder können Weihnachten zu Hause bleiben.

Vokabeln

die Schwester | *sister*

zu spielen | *to play*

die Pädagogen | *educationists*

das Krankenhaus | *hospital*

selbständig | *independent*

die Weihnachtszeit | *Christmas time*

die Weihnachtslieder | *Christmas songs*

der Heiligabend | *Christmas Eve*

die Verwandten | *relatives*

erzogen | *educated*

keine Lust | *don't feel like it*

der Streit | *argument*

die Meinung | *opinion*

die Geschwister | *siblings*

die Abischt | *intention*

passt an / anpassen | *to adapt*

das Benehmen | *manners*

sich herausgestellt | *it turned out that*

die Gehirnkrankheit | *brain disease*

Beantworte die folgenden Fragen im Auswahlverfahren.

Nur eine Antwort je Frage ist richtig

1. Die Geschwister Ingo und Stefani leben:

a) bei ihren Grosseltern

b) in einer kleinen katholischen Stadt

c) im selben Haus in Berlin

d) in verschiedenen Wohnungen

2. Die Mutter hat folgenden Beruf:

a) Sie ist Lehrerin

b) Sie hat keinen Beruf und sie ist arbeitslos

c) Sie ist selbständig und hat eine Praxis

d) Sie arbeitet im Krankenhaus

3. Wie oft gehen die Eltern in die Kirche?

a) Sie gehen jeden Sonntag in die Kirche

b) Sie gehen dreimal pro Jahr in die Kirche

c) Sie gehen nie in die Kirche, außer Weihnachten

4. Was möchten die Geschwister Weihnachten machen?

a) Sie möchten zu Hause bleiben

b) Sie möchten in die Kirche gehen

c) Sie möchten verreisen

d) Sie möchten Freunde besuchen

Lösungen aus Kurzgeschichte 2

1b

2c

3d

4a

83. Crowdfunding für eine neue Küche
Crowdfunding for a new kitchen

Melinda hatte schon seit Jahren vor, sich eine neue Küche **anzuschaffen**. Das Problem lag darin, dass sie noch bei ihren Eltern wohnte, genaugenommen im **Dachgeschoss**.

Dort gab es eine kleine **Kochnische**, ähnlich wie in einem Hotel, ausgestattet mit Mikrowelle und Kaffeemaschine. Melinda hatte schon immer gerne in Kochbüchern **gestöbert**, auch hatte sie sich schon hunderte von Koch Rezepten auf Amazon heruntergeladen, und sie war auch eine gute Köchin.

For years, Melinda had been planning to acquire a new kitchen. The problem was that she was still living at her parent's home, strictly speaking in the attic. There was a little kitchenette similar like in an old hotel equipped with a micro wave and a coffee machine. Melinda had always loved to rummage in cookbooks and had already

downloaded hundreds of recipes from
Amazon and she was also a good cook.

Ihre Eltern hatten für moderne Küchen nicht viel übrig. Wozu auch? Zum Essen gab es immer Deutsche **Hausmannskost**, die wie üblich bestehend aus Kartoffeln, Bohnen, Wurst und groben Zutaten bestand.

Da Melinda schon Anfang dreißig war, **erwartete ihre Familie**, dass sie endlich einen festen deutschen Partner findet, heiratet und eine Familie gründet. Es gab nur ein Problem für Melinda.

Sie hatte keine Arbeit, und wie überall, Arbeitslosigkeit macht das Leben kompliziert.

Her parents weren't interested in modern
kitchens. They always ate American plain
meals that usually consisted of fries,
beans, sausages and other coarse
ingredients.

Melinda was already thirty years old and
her family expected that she finally found a
partner, married and founded a family. But
there was a problem for Melinda. She
didn't have work and as anywhere
unemployment makes life difficult.

Arbeit oder nicht, eine Küche musste her! Sechshundert Euro hatte sie gespart. Um die Ecke gab es einen großen **Baumarkt** der montags immer **Angebote** für Küchen hatte. Aber das war nicht alles. Baumärkte sind in Deutschland Plätze, wo man häufig Nachbarn und Freunde traf.

Am Montagmorgen stand Melinda vor dem **Haupteingang** und wartete.

With or without work she needed that kitchen! She had saved six hundred Euros. Around the corner was a huge home center which always had discounts for kitchens on Mondays. But that wasn't all. Hardware stores just like supermarkets, can be places where you can often meet neighbours and friends.

On a Monday morning Melinda stood in front of the main entrance and waited.

Und tatsächlich, nach schon zwanzig Minuten kam die erste Nachbarin. Melinda zögerte nicht. Sie sagte der älteren Dame, sie müsse unbedingt einen **Schnellkochtopf** kaufen, der alte sei gerade **kaputtgegangen**, und jetzt fehlen ihr noch dreißig Euro für einen neuen Topf. Nach einer weiteren Minute

Unterhaltung gab die Dame ihr das Geld.

Es klappte wunderbar, Melinda traf noch ein halbes Dutzend **Nachbarn und Bekannte**, gegen Mittag hatte sie das Geld für die neue Küche zusammen.

Indeed, after twenty minutes the first neighbour came. Melinda didn't hesitate. She told the old woman that she urgently needed to buy a pressure cooker because the old one was broken and she needed thirty Euros for a new cooker. After a short while the woman gave her the money. It perfectly worked; Melinda met half a dozen neighbours and acquaintances and around midday she had enough money for the new kitchen.

Zusammenfassung

Melinda wohnt noch bei ihren Eltern im Dachgeschoss und braucht eine neue Küche. Da sie arbeitslos ist, hat sie kein Geld sich eine zu kaufen. Melinda braucht Hilfe. Sie geht zum Baumarkt und sagt fremden Leuten, sie brauche heute noch einen neuen Schnellkochtopf, und es fehlt nur noch ein bisschen Geld. Viele Leute schenken ihr Geld.

Vokabeln

anzuschaffen / anschaffen | *to acquire something*

Dachgeschoss | *attic*

Kochnische | *kitchenette*

gestöbert / stöbern | *to rummage*

Angebote | *specials/discounts*

Hausmannskost | *plain meals*

erwartete ihre Familie | *..did her family expect*

Arbeitslosigkeit | *unemployment*

Baumarkt | *home center*

Haupteingang | *main entrance*

Schnellkochtopf | *pressure cooker*

kaputtgegangen / kaputtgehen | *to get broken / got broken*

Nachbarn und Bekannte | *neighbors and acquaintances*

Beantworte die folgenden Fragen im Auswahlverfahren.

Nur eine Antwort je Frage ist richtig

1. Was gab es im Dachgeschoss?

a) Eine Toilette

b) Eine Kochnische

c) Eine neue Küche

d) Alte Kochbücher

2. Was konnte man montags immer im Baumarkt finden?

a) Neue Küchen b) Nachbarn und Freunde

c) Angebote für Küchen

d) Musik

3. Was sagte Melinda, als sie vor dem Baumarkt stand?

a) Sie braucht eine neue Küche

b) Sie will heiraten

c) Sie ist arbeitslos

d) Sie braucht einen neuen Schnellkochtopf

4. Wann hatte Melinda das Geld für eine neue Küche zusammen?

a) Gegen Mittag

b) Gegen Abend

c) Am nächsten Tag

d) Nach einer Stunde

Lösung aus Kurzgeschichte 3

1 b

2 c

3 d

4 a

84. Die alte Trinkerin
The old lush

Viele Leute im Dorf dachten, Angela kommt aus Berlin, Deutschlands Hauptstadt. Die Leute sagten auch, sie spreche mit Akzent, und viele ältere Leute sagten sogar, sie komme wohl aus Rumänien.

The people in the village thought that Angela comes from Berlin, Germany's capitol. The people also said that she was speaking with an accent and many elderly people even said that she probably came from Rumania.

Angela ging **regelmäßig** in ein China Restaurant zum Essen, dort erfuhr man, wer sich für sie interessierte, sie lebe mit ihrer **erwachsenen Tochter,**

Man weiß, Angela hatte auch einen Dachshund namens Max, mit den sie wohl mindestens einmal pro Tag **spazieren ging**. Sie hatte auch Geld, glaubten die meisten, aber arbeiten ging sie nicht. Angela hatte ein **offenes Geheimnis**, sie trank gerne Wein.

Ein bis zwei Flaschen Rotwein am Tag, sie bevorzugte den Wein allein zu trinken.

Angela regularly went to a restaurant and anyone who was interested in stories could gather that she was living with her daughter. It's also known, that Angela owned a dachshund named Max, with whom she took walks at least once a day. Most people thought she had money, but she didn't seem to work. Angela had an open secret, she loved drinking wine. She drank one to two bottles of red wine per day and she preferred to drink alone.

Am frühen Nachmittag fing sie an zu trinken und bis abends trank sie weiter.

*Besser als in Kneipen gehen und dort **den Ruf** zu verlieren*, dachte sie immer. Teilweise hatte sie ihren Ruf schon verloren, denn im lokalen Aldi Supermarkt sah man sie regelmäßig **Einkaufswagen** voll mit Weinflaschen.

Was den ganzen Ort wirklich interessierte, war, was machte sie wirklich, warum wollte sie alleine leben? Sie schien auch häufig länger verreist zu sein.

She began to drink in the early afternoon

and continued drinking until evening.

Better than going into the pub and losing her reputation there, she always thought.

She already lost part her reputation because in the local supermarket Aldi she could be seen regularly with shopping carts full of wine bottles.

What the people were really interested in, was what kind of work she had and why she lived alone. It also seemed she made a lot of trips.

Ein Tag vor Weihnachten hielt ein dunkler Wagen vor ihrem Wohnhaus. Männer und Frauen in Uniform. War es die Polizei? Wir wussten es nicht.

Interessanterweise, hielt ein paar Tage später wieder **ein Fahrzeug** dort. Diesmal ein weißer Van. Angela hatte an diesen dunklen Wintertag eine Sonnenbrille auf, und stieg **hastig** in das Fahrzeug, und der Wagen entschwand.

Ein Nachbar behauptete das Fahrzeug hatte **ausländische Kennzeichen** mit einer kleinen blau, weißer Fahne darauf.

One day before Christmas a dark vehicle parked in front of her house. Men and women in uniforms; was it the police? We didn't know.

Interestingly, a few days later another vehicle parked there. This time it was a white van. On this dark winter day she wore sunglasses and got hastily into the vehicle and then the car disappeared. A neighbour claimed that the car had foreign plates with a tiny blue-white flag on it.

Zusammenfassung

Angela lebt in einer Kleinstadt. Die Leute sagen, sie sei eine Trinkerin, denn sie kauft oft Alkohol. Eines Tages kommen Uniformierte, und kurze Zeit später wird sie von unbekannten Fremden abgeholt.

Vokabeln

die alte Trinkerin | *drunkard / old lush*
unbedeutende Stadt | *insignificant town*
regelmäßig | *regularly*
erwachsenen Tochter | *grown up daughter*
spazieren gehen | *taking a walk*
offenes Geheimnis | *open secret*
der Ruf | *reputation*

ein Fahrzeug | *vehicle*
der Einkaufswagen | *shopping cart*
hastig | hurried / *hastly*
ausländische Kennzeichen | *foreign plates*

Beantworte die folgenden Fragen im Auswahlverfahren.
Nur eine Antwort je Frage ist richtig

1. Was sagten die alten Leute über Angela?

a) Sie kommt aus Rumänien

b) Sie sucht einen Mann

c) Sie sucht eine neue Arbeit

d) Sie kommt aus Pinneberg

2. Was war Angelas offene Geheimnis?

a) Sie reiste viel

b) Sie trank gerne Rotwein

c) Sie hatte eine Tochter

d) Sie war schwanger

3. Was passierte ein Tag vor Weihnachten?

a) Ein dunkler Wagen hielt vor dem Wohnhaus

b) Ihr Sohn kam zu Besuch

c) Angela trank Rotwein

d) Ein Nachbar rief die Polizei

4. Was behauptete ein Nachbar?

a) Angela ist eine Alkoholikerin

b) Angela ist eine Spionin

c) Ihr Sohn kam und holte sie ab

Lösungen aus Kurzgeschichte 4

1 a

2 b

3 a

4 b

85. Wie man einen Millionär auf einer Kreuzfahrt findet
How to find a millionaire on a cruise trip

Mein Name ist Birgit und morgen geht es los. Koffer packen sind kein Kinderspiel, und obwohl ich mich seit Wochen darauf **vorbereitet** habe, habe ich im Moment Probleme einen klaren Kopf zu behalten. Ich muss genau wissen, was ich **mitnehmen** muss und was zu Hause bleibt. Ich habe gerade gelesen, dass ich keine Flaschen und **Lebensmittel** mitnehmen darf.

My name is Birgit and it all begins tomorrow. Packing the luggage is no cakewalk and even though I've been preparing for weeks I currently have problems to keep a clear head. I need to know exactly what I have to pack and what I have to leave at home. I have just read that I mustn't take any bottles or groceries with me.

Die Kreuzfahrt startet von Italien aus. Von Deutschland aus, gibt es keine richtigen Kreuzfahrten, außer auf Flüssen wie auf der Donau oder dem Rhein, die aber **ausschließlich** für Rentner sind. Meine Kreuzfahrt geht morgen Abend los. Es ist ein riesiges Schiff, mit mehreren Schwimmbädern und vielen Restaurants. **Der Gedanke**, eine Schiffsreise als Urlaub zu buchen, kam mir, als ich eine alte Freundin wieder traf. Sie hatte es schon über Facebook verbreitet, sie hatte endlich ihren **Traummann** gefunden.

The cruise starts in Italy. There are no real cruises starting in Germany except river cruises like they have on the Danube or Rhine, but they are exclusively for retirees. My vacation on a cruise ship begins tomorrow in the evening. It's an enormous vessel with several swimming pools and lots of restaurants. The idea to book a cruise came to my mind when I met an old friend. She had already spread the news on Facebook that she has finally found her dream man.

So schön kann das Leben sein. Zehn Jahre Online Dating und dann hat meine kleine **übergewichtige Freundin** tatsächlich einen

Freund gefunden. Muss ein **reicher Kerl** sein, jetzt weiß ich, was so eine Kreuzfahrt kostet. Über fünftausend Euro hat meine Reise gekostet, aber die Reise meiner Freundin muss noch teurer gewesen sein. Meine Gedanken wandern zwischen packen und schicken Männern, Cocktails und Hygiene Artikel. Diesel sollte man lieber **reichlich dabeihaben.** Tampons und Shampoos wiegen zum Glück nicht viel. Ich höre die Tür klingeln. Wer kann das jetzt sein, ich habe keine Zeit!

Life can be that beautiful. After ten years of online dating my overweight female friend has finally found a boyfriend. He must be a rich guy; now I know how much such a cruise trips costs. My trip had cost over five thousand Euros, but my friends voyage must have been even more expensive. My thoughts are wandering between packing and posh guys, cocktails and toiletries. It's better to have plenty of them. Tampons and shampoos fortunately don't weigh a lot. I hear the doorbell ringing. Who might that be, I have no time!

»Hallo Andrea! Welch **eine Überraschung!"**

»Hallo Birgit, ich wollte dich nur mal kurz grüßen bevor morgen du morgen deine Kreuzfahrt antrittst. Darf ich dir meinen **Verlobten** vorstellen. Hier, das ist Bobi aus Manila«

»Angenehm«

»Hallo! «

»Spricht er auch Deutsch?«

»Nein, aber sehr gut Englisch. Er hat schließlich auf der Kreuzfahrt, wo ich ihn kennengelernt habe, gearbeitet. **Er war dort Kellner**. Er ist ein ganz fähiger Mann!«

Hello, Andrea! What a surprise!"

"Hello Birgit, I just wanted to say a last time hello before you'll start your cruise trip tomorrow. May I introduce you to my fiancé. This is Bobo from Manila."

"I'm pleased to meet you"

"Hi!"

"Does he also speak English?"

"He speaks English very well. After all he had worked on the cruise ship where I met him. He was a waiter there. He is a quite capable man!"

Zusammenfassung

Birgit plant eine Kreuzfahrt. Sie hofft dort einen Mann kennenzulernen. Ihre Freundin war auch auf einer Kreuzfahrt und hat dort ihren Verlobten, einen Kellner kennengelernt.

Vokabeln

vorbereiten | *to prepare*

mitnehmen | *take / to take so/s.th.*

Lebensmittel | *groceries*

ausschliesslich | *exclusively*

der Gedanke | *the thought*

der Traummann | *dream man*

ubergewichtige Freundin | *overweight female friend*

reichlich dabeihaben | *plenty to tak with s.o.*

reicher Kerl | *rich guy*

eine Uberraschung | *a suprise*

Verlobter | *fiance*

er war dort Kellner | *he was a waiter there*

Beantworte die folgenden Fragen im Auswahlverfahren.

Nur eine Antwort je Frage ist richtig

1. Von wo aus startet die geplante Kreuzfahrt?

a) von Italien

b) von Deutschland

c) von England

d) von Amerika

2. Was hat die übergewichtige Freundin gemacht ,um einen Freund zu finden?

a) Sie hat Diat gemacht

b) Sie ist gereist

c) Sie hat es zehn Jahre online versucht.

d) Sie hat gar nichts gemacht.

3. Wie viel Euro hat die Reise gekostet?

a) Die Reise war umsonst

b) Uber fünftausend Euro

c) Die Reise war ein Geschenk der Freundin

d) Uber tausend Euro

4. Welchen Beruf hat der Verlobte von Birgits Freundin?

a) Busfahrer

b) Kellner

c) arbeitslos

d) Lehrer

Lösungen aus Kurzgeschichte 5

1 a

2 c

3 b

4 b

86. Der Grillabend
The barbecue evening

Thomas und Gisela haben Kinder die noch im Haus leben, **das Ehepaar** lebt aber seit kurzem **getrennt**. Thomas hat zum Glück noch eine kleine Wohnung in der Stadt und hat das Familienhaus Gisela und den Kindern **überlassen**. Die Eltern von Gisela sind beide schon Ende siebzig und planen für das nächste Wochenende die **Silberhochzeit**.

Thomas and Gisela have children who still live in their house, but the couple has been separated for a short time. Fortunately, Thomas still has a little flat in the city and has left the house to Gisela and the children. Gisela's parents are both almost eighty years old and are planning their silver wedding anniversary for the next weekend.

Es ist soweit ein herrlicher, warmer Sommer, und der Vater von Gisela, Heinz hat eine Idee. Warum nicht einen schönen **Grillabend** im Garten von Thomas veranstalten. Freunde, die Kinder und **Verwandte**, alle würden sie kommen. Außerdem hat sich Heinz schon immer mit Thomas gut verstanden. Beide sind schließlich **Jäger** im Jagdclub. Trennung oder nicht, es würde ein guter Grill-Abend werden. Heinz ruft seine Tochter an, und erwartet eine **Zusage** für das Wochenende. Es kostet Gisela viel **Überzeugung**, dass Thomas den Grill Meister spielen soll. Thomas sagt zu.

So far it is a beautiful, warm summer and Gisela's father Heinz has an idea. Why shouldn't they arrange a barbecue evening in the garden of Thomas. Friends, the kids and relatives – all of them would come. Furthermore, Heinz has always liked Thomas. After all they are both hunters in a hunting club. Break-up or not, it would be a great barbecue evening. Heinz calls his daughter and expects a promise for the weekend. It costs Gisela a lot of conviction that Thomas should be the barbecue master. Thomas agrees.

Samstagnachmittag ist es soweit. Der Grill wird zum Glühen gebracht, Würste und Schweinefleisch werden auf dem Grill gelegt, die Kinder spielen, die Erwachsenen trinken Bier und Musik dröhnt aus einer alten

Stereoanlage. Heinz hilft Thomas am Grill, obwohl es ihm körperlich **schwer fällt.** Heute hat seine Brille vergessen. Plötzlich fällt Thomas ein, er hat noch ein **Geschenk** für Heinz.

Schnell läuft er zum Wagen und holt eine Schatulle, die er Heinz überreicht. Heinz staunt nicht schlecht, als er sein Geschenk aufmacht. Ein großes **Jagdmesser** mit Horngriff!

Thomas erklärt, dies sei ein ganz **besonderes** Messer der **Traditionsmarke** Puma aus Solingen. Ein Messer für **Sammler!**

Saturday in the afternoon it's time to start. The grill is heated, sausages and pork are placed on the grill, the children are playing and the adults are drinking beer. Music is blasting out of an old stereo. Heinz helps Thomas on the grill although it is physically difficult for him. He had forgotten his glasses. Suddenly Thomas remembers that he has a gift for Heinz.

He quickly runs to the car and gets a casket which he hands over to Heinz.

Heinz is quite surprised when he opens his gift. It's a big hunting knife with a horn handle!

Thomas explains that this was a very special knife made by a traditional knifemaker of the brand Puma from Solingen. A knife for collectors!

Der schöne Abend geht zu Ende. Als Thomas gehen will, gibt Gisela ihm noch einen Kuss, und sagt ihm, sie möchte ihn morgen sprechen. Am Sonntag treffen sich Thomas und Gisela. Sie ist ihm immer noch sehr **dankbar** für den tollen Grillabend.

Beide haben eine Unterhaltung, Thomas sagt ihr, in der alten Beziehung war nicht alles schlecht. Gisela macht Thomas den **Vorschlag**, sie könnten wegen der Kinder wieder **zusammenleben**.

Tatsächlich zieht die Familie schon eine Woche später wieder zusammen. Thomas ist besonders glücklich, zumal das billige, gefälschte Messer vom **Markt** in Thailand wohl seine Wirkung nicht verfehlte.

The beautiful evening has come to an end. When Thomas is about to leave, Gisela gives him a kiss and says that she wants to talk to him the next day.

On Sunday Thomas and Gisela meet again. She feels still very grateful for the splendid barbecue evening.

They have a conversation and Thomas tells her that not everything was bad in their former realtionship. Gisela makes a proposal to Thomas; for the children they could live together again.

Indeed, after one week the family moves again together. Thomas is very happy, especially because the cheap fake knife from a market in Thailand didn't fail to make an impression.

Zusammenfassung

Thomas und Gisela haben sich getrennt. Wegen der Silberhochzeit ihrer Eltern veranstaltet sie einen Grill-Abend der ganzen Familie. Thomas schenkt Giselas Vater ein besonderes Jagdmesser. Gisela freut sich sehr, und zieht wieder mit Thomas zusammen. Das Jagdmesser hat Thomas im Urlaub in Thailand gekauft.

Vokabeln

das Ehepaar | *the couple*

getrennt | *separated*

überlassen | *to leave / surrender*

Verwandte | *relatives*

Grillabend | *barbeque evening*

Jäger | *hunter*

Zusage | *promise / acceptence*

Überzeugung | *conviction*

schwerfallen | *s.th. is difficult to do*

Geschenk | *gift / present*

Jagdmesser | *hunting knife*

besonders | *special*

die Traditionsmarke | *traditional brand*

der Sammler | *collector*

dankbar | *thankful*

der Vorschlag | *proposal*

der Markt | *market*

Beantworte die folgenden Fragen im Auswahlverfahren.

Nur eine Antwort je Frage ist richtig

1. Was planen die Eltern von Gisela am Wochenende?

a) die Silberhochzeit

b) eine Reise

c) eine Hochzeit

d) den Besuch ihrer Tochter

2. Warum sagt Thomas, dass Jagdmesser ist ein besonderes Messer?

a) Weil es ein Jagdmesser ist

b) Weil es ein Tradionsmesser aus Solingen ist

c) Weil es ein Geschenk ist

d) Weil es billlig war

3. Wie ist die Reaktion Giselas auf den Grillabend?

a) Sie sit Thomas dankbar. b) Sie ist krank geworden

c) Sie plant einen weiteren Grillabend

d) Sie zieht zu ihren Eltern

4. Warum ist Thomas nach dem Grillabend

besonders glucklich?

a) Weil er Gisela heiratet wird

 b) Weil er das Messer billig gekauft hat.

c.) Weil er nach Thailand reist

d) Weil er der Grillmeister war.

Lösungen aus Kurzgeschichte 6

1 a

2 b

3 a

4 b

87. Amerikaner in Deutschland
Americans in Germany

Berta und Willi sind **Rentner**, sie kommen
ursprünglich aus Hamburg, verbringen aber
die meiste Zeit in Bayern, ein Bundesland in
Süddeutschland. Vor vielen Jahren hatten sie
sich in einem Dorf ein Landhaus gekauft.

Das Ehepaar kommt aus **einfachen
Verhältnissen**. Willi war früher **Busfahrer**,
seine Frau Berta hat früher in Supermärkten
gearbeitet. Beide sind nicht gebildet, aber sie
sind **glücklich**, denn beide sind gesund und
sie können sich ein schönes Haus in Bayern
leisten.

Eines Nachmittags klingelt die Tür.

*Berta and Willi are pensioners, they are
originally from Hamburg but they are
spending most of their time in Bavaria, a
state in South Germany. Many years ago
they had bought a country house in a
village.*

*The couple comes from humble homes.
Willi worked as a bus driver and his wife*

Berta worked in a supermarket. Both of them are not educated, but they are happy because both of them are healthy. One morning the doorbell rings.

Willi öffnet die Tür und vor ihnen steht ein Mann mit zwei Kindern. **Unbekannte** Menschen.

»Guten Morgen, was kann ich für sie tun?«

Der Mann antwortet in einer **Sprache**, die er nicht versteht. Willi ruft seine Frau. Berta begrüßt die Leute, die alle enthusiastisch und erfreut durcheinander reden, ohne das Berta und Willi ein davon Wort verstehen.

»Ich glaube die sprechen Englisch«, sagt Berta zu Willi.

Willi opens the door and in front of him a man is standing with two children. Strangers.

"Good morning, how can I help you?" Willi asks.

The man answers in a language that he doesn't understand. Willi calls his wife. Berta greets the people who are talking enthusiastically but Berta and Willi don't understand a word.

"I think they are speaking English", Berta says.

Die fremden Kinder nicken, fast scheinen sie zu **jubeln**.

Plötzlich greift der fremde Mann in seiner Tasche und holt ein altes schwarzweißes Foto heraus. Er zeigt es Willi und Berta. Willi setzt sich eine Brille auf und **nickt freundlich.**

Die fremde Familie jubelt, die Kinder umarmen Willi.

Ohne zu **zögern**, stürmt die fremde Familie ins Haus. Sie reden laut in ihrer Sprache und scheinen sich sehr zu freuen. Der Mann zeigt auf eine Kuckucksuhr, und dann mit einem Finger auf seine Brust.

Berta lächelt. »So was hat er wohl auch.«

The strange children nod and seem to cheer.

Suddenly the strange man grabs in his pocket and takes a black and white photograph out. He shows it to Berta and Willi. Willi puts on his glasses and nods friendly.

The strange family cheers and the children are hugging Willi.

Without hesitation the strange family storms into the house. They are talking in their own language and seem to be more than happy. The man points at the cuckoo clock and then he points with his finger at his chest.

Berta smiles. "He seems to own one of these."

Die Kinder gehen in die Küche und offnen den Kühlschrank.

Berta und Willi folgen ihnen.

»**Seid ihr hungrig**«, fragt Berta. »Wir haben heute Sauerkraut mit Wurst, ich mache euch das Essen warm«

Die Kinder **umarmen** Berta, der Fremde Mann schüttelt Willi die Hand. Am Tisch wird gegessen, gelacht, und plötzlich versteht Willi einige Wörter der Fremden.

Amerika, Großvater! Willi und Bertha nicken freundlich, die fremde Leute sprechen alle durcheinander.

The children go in the kitchen and open the fridge.

Berta and Willi follow them.

"Are you hungry", asks Berta. "Today we

have sauerkraut with sausage. I'll warm it up for you."

The children hug Berta and the strange man shakes Willi's hand. At the table they eat and laugh, and suddenly Willi understands a few words from the strangers.

"America, grandfathe" Willi and Berta are nodding friendly, but the strangers speak all at once.

Plötzlich steht die fremde Familie auf, sie umarmen Berta und Willi. Zum Abschied überreicht der fremde Mann Willi das alte Foto. Wille nickt freundlich. Dann ist die Familie fort. Willi schaut nochmals auf das alte Foto, schüttelt den Kopf und sagt zu Berta: »Das muss der alte **Eigentümer** des Hauses sein, als er noch jung war.«

Berta: »Ja, aber **wer waren diese Leute** denn«, fragt Berta.

All of a sudden the strange family stands up and hug Berta and Willi. As they leave the strange man hands the photograph to Willi. Willi nods friendly. Next the family is gone. Willi looks again at the photo and says to Berta: "He might be the former owner of this building when he was young."

Berta: "Yes, but who were these people?"

Zusammenfassung

Willi und seine Frau Berta sind Rentner und leben in einem Landhaus. Sie bekommen Besuch einer fremden Familie, die kein Deutsch spricht. Die Familie geht ins Haus und versuchen sich mit den Rentnern zu unterhalten. Die Fremden sind erfreut und aufgeregt. Nach dem Essen gehen sie wieder, Willi und Berta wissen nicht, wer sie waren.'

Vokabeln

die Rentner | *pensioners / retirees*

ursprünglich | *originally*

das Landhaus | *country house*

einfache Verhältnisse | *from humble homes*

der Busfahrer | *bus driver*

glückich | *happy*

unbekannte | *unknown*

die Sprache | *language*

jubeln | *cheer*

plötzlich | *suddenly*

zögern | *hesitate*

er nickt freundlich | *he nodds friendly*

seid ihr hungrig | *are you hungry?*

umarmen | *to embrace / hug*

der Eigentümer | *proprietary / owner*

wer waren diese Leute? | *who were these people?*

Beantworte die folgenden Fragen im Auswahlverfahren.

Nur eine Antwort je Frage ist richtig

1. Was hat Berta gemacht, bevor sie in Rente ging?

a) Sie hat in Supermarkten gearbeitet

b) Sie hat auf einem Bauernhof gearbeitet

c) Sie war Hausfrau

d) Sie hat im Ausland gelebt

2. Was holt der fremde Mann aus seiner Tasche?

a) Eine Pistole

b) Einen Umschlag mit Geld drin, denn er

wollte das Haus kaufen

c) Ein Foto

d) Ein Geschenk

3. Was bietet Berta den Kindern im Haus an?

a) Eine Kuckuksuhr

b) Warmes Essen

c) Ein Foto des Hauses

d) Einen Umschlag mit Geld drin

4. Als die fremde Familie wieder geht, was machen sie zum Schluss?

a) Sie umarmen Willi und Berta

b) Sie schenken Willi und Berta Geld

c) Sie geben Willi und Berta einnen Umschlag

d) Sie gehen ohne etwas zu tun oder zu sagen.

Lösungen aus Kurzgeschichte 7

1 a

2 c

3 b

4 d

88. Der Einsiedler
The hermit

Michael ist ein **Einsiedler**, sagen die Leute. Aber das ist nur **zum Teil richtig.**

Richtig ist, er lebt abgeschieden im Süden des Bundeslandes Sachsens, nahe der tschechischen **Grenze, außerhalb** eines Dorfes im Erzgebirge.

Ein Einsiedler ist meistens arm an **materiellen Gütern** und so ist es auch bei Michael. Keine elektrische Heizung, und genaugenommen auch keinen Strom. Elektrizität kann er sich aber gelegentlich zum Kochen besorgen, denn er hat einen Herd, und draußen vor seinem Haus, hat er einen Generator angeschlossen.

People say, Michael is a hermit. But that's just partly true.

True is, he is living abandoned in the southern state of Saxony, near to the border of the Czech Republic outside of a village in the Erzgebirge mountains. A hermit is mostly poor in material goods

and this also applies to Michael. No electric heating and strictly speaking not even electricity. But he can get some electricty for cooking as he has a stove, and in front of his home he has linked a generator.

Wasser gibt es reichlich. Er ist auch gut eingerichtet. Ein großes Bett, kleine Schränke für die Nischen, eine selbstgebaute Camping Toilette, Stereoanlage, Farbfernseher, und für seinen Computer leistet er sich Internet mit Satellit **Anschluss**. Zum **Aufladen** seiner kleineren Geräte fährt er mit dem Fahrrad zum Nachbarn.

Einmal in der Woche fährt er mit dem Fahrrad ins 10 Kilometer entfernte Dorf, wo er im Supermarkt einkauft. Michael hat noch einen **Traum**, er möchte eine moderne Toilette, und noch wichtiger, ein grosses Panoramafenster.

There is enough water. He is also well equipped. A big bed, a small wardrobe for the clothings, a handmade camping toilet, a stereo, a colour TV set, and for his computer he even has internet access with a satellite connection. For charging his smaller devices he goes by bicycle to his distant neighbours.

*Once a week he drives with his bicycle to a
village which is 10 miles away where he
goes shopping in the supermarket. Michael
still has a dream, he wants a modern toilet
and even more important a big panorama
window.*

Das Problem ist, seine Behausung hat
mehrere kleine Eingänge und nach vorne hin
einen riesigen, über fünf Meter breiten
Eingang. **Der Eingang** bleibt immer offen,
denn es passt keine Tür rein und Plastikfolie
hilft nicht immer, besonders wenn es draußen
regnet und kalt ist.

Aber **der Blick** aus diesem riesigen Eingang
ist fantastisch. Michael lebt umgeben von
Bergen und Wald, und von hier aus kann er
auf ein weites Tal und auf die
gegenüberliegenden Bergen blicken. Der
Blick inspiriert Michael. Er fühlt sich noch jung
und möchte eines Tages Architekt werden.

*The problem is, his dwelling has several
small entrances and at the front a huge,
over five metres wide entrance. The
entrance is opene most of the time for
there is no door that fits and plastic foil*

doesn't help, especially if it's cold and raining outside.

But the view out of this enormous entrance is fantastic. Michael lives surrounded by mountains and woods and from here he can look at a wide valley and at the opposite mountains. The view inspires Michael. He feels still young and one day he wants to become an architect.

Ein weiteres Problem ist, es passt keine Tür, kein Fenster in die ungewöhnliche Form des riesigen Eingangs. Freunde haben ihn besucht, aber die Situation erscheint auch ihnen extrem schwierig.

Sie sagen, da Michael in einer **Höhle** lebt, wo vor zehntausend Jahren noch Bären und Neandertaler lebten, sei es unmöglich, ein Panoramafenster einbauen zu lassen.

Another problem is that no door and no window fit into the unusual form of this huge entrance. Friends have visited him, but even for them the situation seemed quite difficult.

They say that it's impossible to install a panorama window there, since Michael is living in a cave where ten thousand years ago bears and Neanderthals used to live.

Zusammenfassung

Michael lebt als Einsiedler und träumt, sich ein grosses Panoramafenster einbauen zu lassen. Obwohl er in seiner Behausung leben kann, ist es schwierig. Es ist nicht möglich ein Panoramafenster einzubauen, wenn man in einer Höhle lebt.

Vokabeln

der Einsiedler | *hermit*

zum Teil richtig | *partly true*

die Grenze | *border*

außerhalb | *outside of /out of town*

materiellen Gütern | *material goods / assets*

die Behausung | *dwelling*

der Anschluss | *connection*

aufladen | *charge*

der Traum | *dream*

der Eingang | *entrance*

der Blick | *view*

gegenüberliegend | *opposite*

der Schriftsteller | *writer*

die Höhle | *cave*

Beantworte die folgenden Fragen im Auswahlverfahren.

Nur eine Antwort je Frage ist richtig

1. Im welchen Bundesland lebt Michael?

a) Er lebt in Hamburg

b) Er lebt im Ausland

c) Er lebt in Berlin

d) Er lebt in Sachsen

2. Was hat Michael vor dem Haus angelschlossen?

a) Einen Generator

b) Einen Herd

c) Eine Waschmaschine

d) Einen Fernseher

3.Was mochte Michael eines Tags beruflich machen?

a) Er möchte Architekt werden

b) Er möchte Koch werden

c) Er hat keine festen Pläne

d) Er mochte Lehrer werden

4. Was macht Michael einmal die Woche?

a) Er besucht seine Eltern

b) Er fahrt mit dem Fahrrad ins Dorf

c) Er fahrt mit dem Bus nach Berlin

d) Er kocht sich warmes Essen

Lösungen aus Kurzgeschichte 8

1 d

2 a

3 a

4 b

89. Der Schatz im Wald
The treasure in the woods

Jan Schulz war ein romantischer Mensch.
Obwohl er **damals** schon 18 Jahre alt war,
interessierte er sich mehr an Fantasien aus
Geschichts-Büchern, als an junge Mädchen,
anders als seine Freunde oder
Klassenkameraden.

Wenn er nicht schlief oder mit Hausaufgaben
beschäftigt war, **döste** er im Wohnzimmer
auf dem Sofa, und träumte davon eines Tages
viel Geld zu haben. Einen nachmittags schlief
er auf dem Sofa komplett ein. Er hatte **einen
lebhaften Traum.**

*Jan Schulz was a romantic person.
Although he has been already 18 years old
at that time, he was more interested in
history books than in young ladies, other
than his friends and classmates.*

*When he didn't sleep or he wasn't busy
with his homework he used to doze on the
sofa and was dreaming of having a lot of
money one day. One afternoon he fell*

asleep on the couch. He had a lively dream.

Er träumte einen Schatz auf einer Insel gefunden zu haben. Als er eine alte **Truhe** fand, öffnete er sie, und eine kleine Wolke aus **Rauch** stieg daraus hervor. Der Rauch formte sich zum Mund, und eine alte **Stimme** sagte: "Steh auf, geh in den Wald, dort findest du eine Karte. Die Karte wird neben einer alten Pinien-Tanne begraben sein. Grabe ein Loch wo du Rauch siehst. Es ist Eine **Schatzkarte**. Du kannst reich werden, wenn du die Karte findest".

He dreamed to have found a treasure on an island. As he found the chest, he opened it and a little cloud of smoke came out. The smoke formed itself to a mouth and an old voice said: Get up, go to the forest, you'll find a map there. The map will be buried beneath an old pine tree. Dig a hole where you'll see smoke. It's a treasure map. You can become rich if you find the map.

Der Rauch näherte sich seinen **Gesicht**, Jan konnte plötzlich nicht mehr **atmen**, er glaubte zu ersticken.

Jan wachte erst **nachmittags** auf.

Draußen war es schon Herbst, Nebel lag über dem Land. Gleich hinter dem Haus begann ein Pfad, der direkt in den Wald führte. Er folgte den Pfand und keine hundert Meter gegangen, sah er die Pinien Tanne, und daneben stieg ein feiner, weißer Rauch gerade in den Himmel.

The smoke came closer to his face, all of a sudden Jan couldn't breathe anymore, and he thought he had to choke.

Jan awkoke in the afternoon.

It was already autumn, fog racked over the landscape. Behind the house a path began, which lead directly to the forest. He followed the track and he didn't even go one hundred metres, as he already saw the pine tree and next to it he could see fine, white smoke rising to the sky.

Jan **buddelte im Boden**, und fand ein kleines Rohr, **im Inneren** fand er eine zusammengerollte **Schriftrolle**.

Es sah aus wie eine Buddhistische Karte oder Schriftrolle. Er rollte sie zusammen und ging nach Hause.

Jan dug into the soil and found a little tube

and inside he found a rolled-up scroll.

It looked like a Buddhist map or a scroll.
He rolled it up and went home.

Am folgenden Tag ging er gleich nach der
Schule in ein Geschäft, das Gold und
Wertgegenstände anfkauft.

Für die Karte gab es kein Geld. Jan ging nach
Hause, legte sich auf das Sofa und schlief ein.
Er träumte, dass er nie wieder Geld brauchte.

Als er aufwachte, blickte er lächelnd auf die
Schatzkarte. Das Geld und der Schatz waren
nicht mehr wichtig.

The next day he went directly after school
to a shop, where gold and other objects of
value could be sold.

He didn't get any money for the map. John
went home, lied on the couch, and fell
asleep. He dreamed that he would never
need any money.

As he woke up he glanced smiling at the
treasure map. The money and the treasure
weren't important to him anymore.

Zusammenfassung

Jan ist ein verträumter junger Mann. Eines Tages, träumt er davon, dass er einen Schatz im Wald finden wird. Als wer aufwacht, versucht er den Schatz zu finden. Er findet im Wald eine Schriftrolle. Danach möchte er keinen Schatz mehr finden und auch nicht mehr reich sein.

Vokabeln

damals | *at that time*

Geschichts Bücher | *history books*

Klassenkameraden | *classmates*

beschäftigen / beschäftigt | *to occupy so.*

dösen / döste | *to doze / dozed*

die Truhe | *chest / coffer*

einen lebhaften Traum | *a lively dream*

der Rauch | *to smoke*

die Stimme | *voice*

eine Schatzkarte | *a treasure map*

das Gesicht | *face*

atmen | *to breathe*

nachmittags | *afternoon*

buddelte im Boden | *digged into the soil*

CHRISTIAN STAHL

im innnern | *inside*

Beantworte die folgenden Fragen im Auswahlverfahren.

Nur eine Antwort je Frage ist richtig

1. Wofür interessierte sich Jan Schulz?

a) Für Kochbücher

b) Für Geschichtsbucher

c) Für seine Klassenkameraden

d) Für Reisen

2. Wo lag die Karte begraben?

a) Neben einer Pinien-Tanne

b) Unter dem Haus

c) Auf dem Friedhof

d) Nirgendwo

3. Was fand Jan Schulz im Boden?

a) Eine Schatz Truhe

b) Ein Rohr mit einer Schriftrolle

c) Geld

d) Eine Buddha Statue

Lösungen aus Kurzgeschichte 9

1 b

2 a

3 b

90. Die polnische Putzfrau
The Polish maid

Maria kommt aus Polen und **arbeitet** zweimal die Woche **als Putzfrau** in einem grossen Haus. Das Haus gehört Frau Schuh, die allein lebt. Ab und zu kommt ihr Sohn **zu Besuch**. Ihr Sohn ist arbeitslos und bekommt Geld von der Mutter.

Maria comes from Poland and works twice a week as maid in a big house. The house belongs to Frau Schuh who lives alone. Once in a while her son comes to visit her. Her son is unemployed and receives money from his mother.

Der Sohn lebt bei einem Freund. Er kommt oft **in den Morgenstunden** zum Haus seiner Mutter und **schaut Fernsehen**. Wenn das Wetter gut ist, sitzt er auf Terrasse und trinkt Bier. Maria muss die leeren Bierflaschen in den Keller bringen. Im Keller liegen noch **riesige Mengen** an Kisten mit vollen Bierflaschen. Der Sohn kauft das Bier im **Grosshandel**.

*The son lives at a friends' place. He often
comes in the morning hours to his mother
house and is watching TV. If the weather is
fine, he sits on the terrace and drinks beer.
Maria has to carry the empty beer bottles
in the basement. A huge amount of full
beer cases are stored in the basement. The
son buys the beer wholesale.*

Frau Schuh arbeitet sehr hart. Sie arbeitet in
einer Fabrik und **kommt spät nach Hause**.
Aber sie ruft oft ihren Sohn an und manchmal
auch Maria.

Eines Tages bittet der Sohn Maria um **einen
Gefallen**. Er sagt. " Ich reise für einige
Wochen nach Spanien. Sagen Sie es nicht
meiner Mutter. Lassen Sie alles normal
erscheinen.

»Kein Problem«, sagt Maria.

*Frau Schuh works very hard. She works in
a factory and comes home very late. But
she often calls her son and also
sometimes Maria.*

*One day the son ask Maria for a favor. He
says: "I'll make a trip to Spain for a few
weeks. Don't tell it my mother. Make it
appear as everyting would be normal.*

"No problem", says Maria.

Die folgenden Tage scheint alles normal zu sein. Frau Schuh ruft Maria an und fragt, ob ihr Sohn zu Hause ist, und ob sonst alles normal ist.

"Ja Frau Schuh, alles ist in Ordnung." Maria sitzt auf der Terrasse und trinkt Bier. Später wird sie die leeren Flaschen **in den Keller bringen.**

The next days everything seems to be normal. Frau Schuh calls Maria and asks her if her son was at home and if everything's fine.

"Yes, Frau Schuh, everything is alright." Maria sits on the terrace and drinks beer. Later she'll carry the empty bottles into the basement.

Zusammenfassung

Eine polnische Putzfrau arbeitetnim Haus von Frau Schuh. Wenn Frau Schuh nicht zu Hause ist, Ihr Sohn kommt sie manchmal besuchen um auf der Terrasse Bier zu trinken. Er hat viel Bier im Keller gelagert. Der Sohn sagt der Putzfrau, sie solle ein Geheimnes bewaren , das er nach Spanien fliegt, Alles soll normal erscheinen. Deshalb sagt die Putzfrau nichts und trinkt sein Bier.

Vokabeln

in den Mogenstunden | *in the morning hours*

fersehen gucken | *watching TV*

riesige Mengen | *huge amounts*

der Grosshandel | *wholesale*

spät nach Hause kommen | *coming home late*

einen Gefallen | *a favour*

in den Keller brigen | *to bring (s.th.) into the basement*

Beantworte die folgenden Fragen im Auswahlverfahren.

Nur eine Antwort je Frage ist richtig

1. Was macht der Sohn wenn er ins Haus kommt?

a) Er kocht Mittagessen

b) Er trinkt Bier

c) Er guckt Fernsehen

d) Er surft im Internet

2. Was lagert Im Keller?

a) Kisten mit Lebensmittel

b) Ein Fernseher

c) Leere Bierlfachen

d) Kisten mit vollen Bierflaschen

3. Was macht Maria beruflich?

a) Sie ist Hausfrau

b) Maria ist arbeitslos

c) Maria arbeitet in einer Fabrik

d) Maria arbeitet in einem Restaurant

4. Welchen Plan hat Marias Sohn?

a) Er will nach Spanien verreisen

b) Er will das Bier aus dem Keller holen

c) Er versucht Arbeit zu finden.

d) Er mochte Maria helfen

Lösungen aus Kurzgeschichte 10

1b 2c 3c 4a

The following stories use a slighlty more advanced vocabulary

91. München ist auch eine schöne Stadt

Yoshi ist Japaner und **hat Deutschland schon oft besucht.** Yoshi hat Deutsch in der Schule gelernt und liebt die Deutsche Kultur. Besonders **Sauberkeit und Ordnung** sind ihm wichtig. Aber Yoshi war noch nie in München. **In den Sommerferien** fliegt Yoshi nach München. Er besucht alle **Touristenattraktionen**, und **findet** auch **das berühmte** Hofbräuhaus. Das Hofbräuhaus ist eines der bekanntestes Lokale für bayrisches Bier.

Es ist erst **gegen Mittag** als Yoshi das Lokal besucht. Das Lokal ist noch leer. **In einer Ecke** sieht er einen einzigen Gast, einen sehr alter Mann, der Bier trinkt. Yoshi **setzt sich neben den Mann** und **bestellt** ein Bier. Yoshi möchte mit den alten Mann sprechen. Yoshi lächelt.

»Entschuldigen Sie. **Mögen Sie Bier**«, fragt Yoshi den alten Mann.

Der alte Mann lächelt müde.
»**Selbstverständlich**. Ich bin ein richtig Bayer.«

»München ist auch eine schöne Stadt«, sagt Yoshi.

Der alte Mann schaut in sein Glas. »Früher war München eine schöne Stadt. Jetzt weiss ich es nicht. «

»Ich komme aus Japan. Mein Name ist Yoshi.«

Der alte Mann lächelt. »Leider darf ich ihnen meinen Namen nicht sagen«

»Ist das Hofbräuhaus ihr **Lieblings Lokal**«, fragt Yoshi.

»Ich kenne nur dieses Lokal«, sagt der alte Mann.

Yoshi wundert sich. »**Darf ich fragen**, wie alt Sie sind«

»Ich werde bald hundert Jahre alt«, antwortet der Mann.

»Sie sind fast einhundert Jahre alt und kennen nur dieses Lokal«, fragt Yoshi.

»Nein.«

»Leben Sie in Müchen?«

»**Ich habe ein Zimmer** hier im Hofbräuhaus.«

»Ach so. Seit wann leben Sie hier?«

»Ich **verlasse** dieses Lokal nie", antwortet der Mann. »Ich lebe in diesem Lokal **seit Ende der Feindseligkeiten** 1945.«

Zusammenfassung

Der Japaner Yoshi besucht im Sommer Deutschland, und findet das Hofbräuhaus, ein bekanntes Bier Lokal. Dort triffter er eine alten Mann. Es stellt sich heraus, der alte Mann versteckt sich im Hofbräuhaus seit 1945.

Vokabeln und Redewendungen

hat Deutschland schon oft besucht - *has visited Germany often*

Sauberkeit und Ordnung - *cleanliness and order*

in den Sommerferien - *during the summer holidays*

Touristenattraktionen - *tourist attractions*

das berühmte - *the famous*

gegen Mittag - *about noon*

in einer Ecke - *in a corner*

setzt sich neben den Mann bestellen - *to order*

mögen Sie Bier - *do you like beer*

selbstverständlich - *of course*

Lieblings Lokal - *favorite restaruant / bar*

darf ich fragen - *may I ask*

Ich habe ein Zimmer - *I have a room*

seit Ende der Feindseligkeiten - *since the end of hostitlities*

Lernfragen

Wo trifft Yoshi den alten Mann?

Warum möchte Yoshi den alten Mann sprechen?

Warum, glaubst du, versteckt sich der alte Mann?

92. Der Schrebergärtner

Deutschland ist bekannt für seine Schrebergärten. **Ausserhalb der grossen Städte** findet man Gebiete mit vielen kleine Gärten. In jedem Garten steht **eine kleine kleine Hütte.** Viele dieser Gärten bilden eine kleine Kolonie.

Diese Gärten und Hütten nennt man Schrebergärten.

Die meisten kann man kaufen. **Die Eigentümer sind meistens Rentner. Die Renter freuen sich im Garten zu arbeiten.**

Einer dieser Schrebergärten gehört Wolfgang Meier, einen Rentner aus Hamburg. Ausserhalb Hamburgs hat er sich einen Schrebergarten gekaufft. In seinem Garten befindet sich **ein kleiner Teich**. Im Teich schwimmen kleine Goldfische. Herr Meier ist auch Angler. **Er kennt sich mit Fischen aus.** Herr Meier hat keine Familie und liebt seine Fische. **Jeden Fisch hat er einen Namen gegeben.**

Eines Tages besucht Herr Meier seinen Schrebergarten. Zwei Fische liegen an der Oberfläche. Die Fische sind tot. Später findet Herr Meier noch mehr tote Fische. Dafür gibt es keine **Erklärung**. Herr Meier ist sehr traurig. **Er entscheidet** sich den Schrebergarten zu verkaufen. Obwohl er eine Anzeige aufgibt, kauft keiner seinen Schrebergarten. Aber Herr Meier ist mit vielen **Nachbarn** befreundet. **Nach kurzer Zeit** verschenkt Herr Meier seinen Schrebergarten an einem Nachbarn.

Die Nachbarn **übernehmen** den Schrebergarten, und sind glücklich mit ihrem **Geschenk**. Schon nach kurzer Zeit befindet sich alles **im hervorragendem Zustand**. Der Garten **blüht**, und im Teich schwimmen viele Fische.

Ab und zu, kommt Herr Meier zu Besuch. Er möchte sehen, was sich in seinem alten Schrebergarten verändert hat. Der Schrebergarten sieht **sehr gepflegt** aus, und Herr Meier ist neidisch. Eines Tages liegen wieder tote Fische im Teich. Fast alle Fische sind tot.

Kurze Zeit später erhalten die Nachbarn und

Eigentümer des Schrebergartens einen Brief
von Herrn Meier. Im Brief steht, er, Herr Meier
möchte den Schrebergarten am
Wochendende benutzen. Wenn er den
Schrebergarten **am Wochenende benutzen**
darf, dann würde er, für ganz viele **gesunde
Fische** im Teich garantieren.

Zusammenfassung

Ein Mann besitzt einen kleinen Garten mit
einer Hütte, einen Schrebergarten. Als die
Fische im Teich sterben, verschenkt er den
Schrebergarten an einen Nachbarn. Der
Schrebergarten blüht, es leben viele Fische im
Teich. Der Mann bietet den neuen Besitzer
an, am Wochendende den Garten benutzen
zu dürfen. Dafür würde er gesunde Fische
garantieren.

Vokabeln und Redewendungen

Ausserhalb der grossen Städte - *outside of
the larger cities*

eine kleine kleine Hütte - *a little hut*

diese Hütten nennt man Schrebergärten -
*these gardens and huts are called
Schräbergarten*

die Eigentümer sind meistens Rentner - *The owners are mostly pensioners*

ab und zu - *sometimes / once in a while*

die Renter freuen sich im Garten zu arbeiten - *the pensioners are glad to work in the garden*

ein kleiner Teich - *a little pond*

er kennt sich mit Fischen aus - *he knows about fish*

jeden Fisch hat er einen Namen gegeben - *he gave every fish a name*

die Erklärung - *explanation*

er entscheidet - *he decides*

die Nachbarn - *the neighbors*

nach kurzer Zeit - *after a short time*

übernehmen - *to take over*

das Geschenk - *gift*

im hervorragenden Zustand - *in excellent condition*

die Eigentümer - *owner / proprietor*

blühen - *prosper*

sehr gepflegt - *well maintained*

gesunde Fische - *healthy fish*

Lernfragen

Warum hat Herr Meyer sich einen
Schrebergarten gekauft?

Warum gibt Herr Meyer eine Anzeige auf?

Warum verschenkt Herr Meyer den
Schrebergarten?

93. Der Käse stinkt von allen Seiten

Harald Johnson hatte **sich verliebt**. Seit einigen Wochen hatte er eine neue Freundin. Seine neue Freundin war eine Frau, die **auf dem Markt arbeitete** und **nachmittags** in die Bibliothek ging.

Herr Johnson war seit einem Jahr Rentner. Er hatte viel **Freizeit**, und wenn er nicht in der Bibliothek Bücher las, ging er in

die Geschäfte, hauptsächlich aus Langeweile. In der kleinen **Stadtbibliothek**, sass seit Wochen **eine Dame seines Alters** und las Bücher. Mit der Zeit kamen sie ins **Gespräch**.

Die Dame sagte, sie arbeitet morgens in einem **Käsegeschäft** auf dem Markt. Wenn der Markt nachmittags geschlossen war, ging sie zur **Erholung** in die Bibliothek. Beide hatten ein Hobby. Sie lasen beide klassische Literatur und **Kochbücher**. Herr Johnson **besuchte sie** nie auf dem Markt, aber nach einigen Stunden in der Bibliothek gingen sie manchmal einen Kaffee trinken.

Eines Tages lud Herr Johnson die Dame zu sich nach Hause ein. Er wollte für sie kochen. Herr Johnson war ein guter Hobbykoch.

Sie trafen sich mehrmals bei Herrn Johnson und nach einigen Wochen wurden sie schliesslich **ein Paar.**

Allerdings war **die Beziehung** nicht ohne Probleme. Herr Johnson mochte den **Geruch** der Dame nicht. **Er sagte ihr ganz offen, dass sie nach Käse riecht.** Deshalb mochte er sie auch nicht mehr nach Hause einladen.

Herr Johnson glaubte, jedes Mal, nachdem die Dame ihn besucht hatte, roch sein **Schlafzimmer** nach Käse.

Als eines Tages Herr Johnson ihr wieder sagte, sie rieche nach Käse, **wurde sie böse.**

Sie sagte ihm, sie arbeitet in Wirklichkeit nicht auf dem Markt. Sie sagte, sie sei **in Wirklichkeit arbeitslos.** Herr Johnson sagte, in Wirklichkeit ist er auch kein Rentner.

"Aber was ist denn dein wirklicher Beruf", fragte Herr Johnson die Dame. **"Ich mache Fussmassagen"**, sagte sie.

"Und was machst du, wenn du nicht in der

Bibliothek bist", wollte die Dame wissen.

"Ich arbeite auf dem Bauernhof im Schweinestall. Aber zum Glück nur morgens".

Zusammenfassung

Ein älteres Paar haben sich in der Bibliothek kennengelernt. Die Frau sagt, sie verkauft Käse, der Mann sagt, er ist Rentner. Der Mann beschwert sich über ihren Geruch, weil er glaubt, das kommt vom Käse. Sie streiten sich. Am Ende erzählen sie sich ihren wirklichen Beruf.

Vokablen und Redewendungen

sich verlieben - *to fall in love*

auf dem Markt arbeiten - *to work at the market*

nachmittags - *afternoon*

die Freizeit - *spare time / free time*

die Stadtbibliothek - *municipal library*

eine Dame seines Alters - *lady /woman of his age*

das Gespräch - *conversation*

ein Käsegeschäft - *a cheese shop*

Erholung - *recreation*

Kochbücher - *cooking books*

besuchte sie - *visited her*

ein Paar - *couple*

die Beziehung - *relationship*

der Geruch - *smell*

das Schlafzimmer - *bedroom*

eines Tages lud Herr Johnson die Dame zu sich nach Hause ein - *one day Herr Johnson invited the lady to his house*

ich mache Fussmassagen - *I do foot massages*

ich arbeite auf dem Bauernhof im Schweinestall - *I work in a farmhouse in a pig stall*

Lernfragen

Warum beschwert sich über ihren Geruch?

Was ist der wirkliche Beruf der Dame?

Was macht Herr Meyer, wenn er nicht in der Bibliothek ist?

94. Der Flüchtling aus Fernost

Es ist Sonntag und Sommer und in ganz
Deutschland ist es warm. **Auf dem Lande**
sind **die Wiesen** grün, das Licht ist klar und
die Luft ist rein. Auf einer **Hauptstrasse** sieht
man Autos und einige **Lastwagen** fahren. Auf
den **Fahrradwegen** neben der Strasse,
fahren Familien mit dem Fahrrad um sich **zu
erholen**.

Auf dem Lande ist es ruhig, es ist **ein
friedliches und reiches Land**.

Etwas passt nicht in diese schöne Szene. **Am
Rande** der Strasse sieht man eine Gruppe
Wanderer. Viele tragen **Gepäck**, die meisten
sind junge Männer. Viele Fahrradfahrer halten
an und lassen die Männer passieren. Die
jungen Menschen gehen in kleinen Gruppen.
Die meisten Menschen der Gruppe
schweigen und ignorieren die Fahrrad- und
Autofahrer. Es sind Flüchtlinge. Die meisten
kommen aus Syrien, andere aus Nordafrika.
Viele sind **seit Jahren unterwegs**. Viele sind
apathisch.

Es sind Menschen, die **vom Krieg geflüchtet** sind. Als einer der Gruppen abends in einem Dorf anhält, nähern sich einzelne Deutsche und **bringen ihnen Essen und Decken.** Auf einer grossen Wiese machen sich die Gruppen fertig für die Nacht.

Am Rande der Wiese sieht man **ein grosses Zelt** vom Roten Kreuz. Neben dem Zelt steht ein Mann in dunkler Uniform. Er ist **ein Beamter**. Seine Aufgabe ist es, die Flüchtlinge zu registrieren.

Ein älterer Mann, ein Flüchtling nähert sich dem Beamten.

»Guten Abend«, sagt der Beamte.»Wie kann ich Ihnen helfen?«

»Ich spreche Deutsch«, antwortet der Fremde. Der Beamte nickt. »Das ist gut. Wo haben Sie Deutsch gelernt?«

»Ich bin Deutscher. **Ich habe aber keinen Reisepass.**«

»Wie kommt das? Was machen Sie hier?«

»Ich komme aus dem **Ausland**«, sagt der Mann schüchtern.

»Jetzt bin ich **neugierig** geworden«, sagt der Beamte.

»Warum gehen Sie zusammen mit den Flüchtlingen?«

»Ich bin seit zwei Jahren unterwegs. Über Indien und Pakistan bin ich **zu Fuss unterwegs**. In der Türkei habe ich mich den Flüchtlingen angeschlossen.«

Der Beamte schüttelt den Kopf. »Das glaube ich Ihnen nicht.«

»Es ist wahr. Ich reise seit langer Zeit zu Fuss. Mir ist in Thailand das Geld ausgegangen. Ich habe dort zuviel **gefeiert** und die Botschaft hat mir nicht geholfen.«

Der Beamte lächelte: »Ich werde Ihnen auch nicht helfen, aber Willkommen in Deutschland.«

Zusammenfassung

In einem Dorf gibt es viele Flüchtlinge. Unter den Flüchtlingen befindet sich ein Deutscher ohne Geld. Es stellt sich heraus, der Mann ist schon zwei Jahre zu Fuss von Thailand nach Deutschland gewandert, denn dort ist ihm das

Geld ausgegangen

Vokabeln und Redewendungen

auf dem Lande - *countryside*

die Wiesen - *fields*

der Lastwagen - *the truck / lorry*

die Hauptstrasse - *the main road*

die Fahrradwege - *bycicle tracks*

zu erholen - *to regenerate*

ein friedliches und reiches Land - *a rich and peaceful country*

am Rande - *at the fringe / outside*

das Gepäck - *luggage*

schweigen - *silence*

seit Jahren unterwegs - *traveling / wandering for years*

vom Krieg geflüchtet - *escaped war*

bringen ihnen Essen und Decken - *bring them food and blankets*

ein grosses Zelt - *a large tent*

ein Beamter - *an official*

älterer Mann - *elderly man*

Ich habe aber keinen Reisepass - *I don't have a passport*

das Ausland - *foreign country*

neugierig - *curious*

zu Fuss unterwegs - *walked on foot*

feiern - *to party*

Lernfragen

Woher kommen die meisten Flüchtlinge?

Warum spricht ein Flüchtling so gut Deutsch?

Wie lange war der deutsche Flüchtling
unterwegs?

95. Eine endgültige Abmahnung

In Deutschland müssen alle Bürger **bei einer Behörde gemeldet** sein. Die erste Aufgabe der **Behörde** ist es, dass alle Daten der Bürger dort **gespeichtert** werden. Die Behörde darf die Daten auch **verkaufen. Die besten Klienten** sind häufig Rechtsanwälte.

Herr Schmidt ist **Rechtsanwalt**. In Deutschland gibt es Leute die illegale Musik oder Filme im Internet **runterladen**. Ein Rechtsanwalt kann **herausfinden**, wer das war. Dann bekommen die Leute einen Brief. Der Rechtsanwalt fordert Geld, oder er wird die Leute vor Gericht **verklagen. Dieser Brief hat einen Namen.** In Deutschland heisst so ein Brief Abmahnung.

Die meisten Leute zahlen den Rechtsanwalt. Herrn Schmidt sind die **Umstände der Fälle** egal. Herr Schmidt glaubt, er hat das Recht auf seiner Seite und Abmahnungen sind ein gutes Geschäft.

Herr Schmidt hat mit seinen Methoden Karriere gemacht. Mit der Zeit beschäftigt er mehrere Angestellte und kooperiert mit anderen Rechtsanwälten. Zusammen haben sie eine **Kanzlei** für Abmahnungen.

Die meisten Deutschen haben ein spezifisches Hobby. Herr Schmidt hat auch ein Hobby. **Er liebt Luxus Autos und Segelboote.** Auf Internet Forums schreibt Herr Schmidt Artikel über Luxus Autos und Oldtimer. Sein letzter Artikel lautet: **Die Jagd** nach Luxus Autos.

Eines Morgens kommt Herr Schmidt aus dem Haus und geht zu seinem Auto. Vor seinem Auto steht ein fremder Mann. In seiner Hand hält er eine **Stadtkarte**. Der Mann fragt Herrn Schmidt nach einer Strasse. Herr Schmidt schaut auf die Karte.

Plötzlich zieht der Mann eine Pistole und schiesst. **Der unbekannte Mann läuft davon.** Herr Schmidt wurde **erschossen**.

Später findet die Polizei ein Blatt Papier auf dem Fenster seines Autos. Auf dem Papier steht. "Mein Hobby die Abmahnmafia"

Zusammenfassung

Ein Rechtsanwalt schickt landesweit Briefe an Menschen, die illegal Musik aus dem Internet herunterladen. Der Rechtsanwalt wird durch die Abmahnungen reich. Eines Tages wird zum Hobby eines Unbekannten.

Vokablen und Redewendungen

bei einer Behörde gemeldet sein - *registered with a ministry*

gespeichtert - *safed*

verkaufen - *to sell*

die besten Klienten - *the best clients*

der Rechtsanwalt - *attorney at law / lawyer*

runterladen - *to download*

herausfinden - *to find out*

verklagen - *to sue*

dieser Brief hat einen Namen - *this letter has a name*

die Umstände der Fälle - *the circumstance of cases*

Herr Schmidt hat mit seinen Methoden Karriere gemacht - *Herr Schmidt had made a carreer of his methods*

die Kanzlei - *chancelery / joint business*

er liebt Luxusautos und Segelboote - *he loves luxury cars and sailing boats*

die Jagd - *the hunt*

die Stadtkarte - *city map*

der unbekannte Mann läuft davon - *the unknown man runs away*

er wurde erschossen - *he got shot*

Lernfragen

Warum ist Herrn Schmidt die Umstände der Fälle egal?

Welche Hobbys hat Herr Schmidt?

Warum, glaubst du, wird Herr Schmidt erschossen?

96. Studententreffen

Die Studenten kamen von überall. Von Kolumbien bis Schottland; es gab kaum eine Nation, die nicht durch einen Studenten an der bekannten Humbold Universität in Berlin **vertreten** war. **Eine grosse Anzahl** von Fakultäten war über die ganze Stadt **verteilt**.

Abends traf sich in einem Berliner **Vorort** eine grosse Anzahl ausländischer Studenten **auf einer grossen Wiese**, direkt **gegenüber** der wissenschaftlichen Fakultäten am Adlershof.

Am heutigen Abend wurde **ein internationales Kochfest** inziniert. In einem grossen Zelt standen viele Tische mit **Zutaten** aus allen Länder.

Studenten aus aller Welt kochten nationale Gerichte und **verkauften sie an Einheimische.**

Die Studenten standen in Gruppen, einige trugen traditionelle Kleidung aus ihrer Heimat, um ihre **Herkunft** zu zeigen. Der ganze Platz roch nach Essen und **exotischen Gewürzen.**

Professor Meier, ein angesehener Physik Professor **beobachtete gespannt das Geschehen.** Lächelnd ging er von Tisch zu Tisch und nickte den Studenten freundlich zu.

Am Ende des Zeltes kochten viele Studenten, die aus Asien stammten. Viele **Düfte** kamen von **einem Stand** der Inder. Professor Meier kannte indische Gerichte. Indisches Masala hatte er mal auf einem **Strassenfest** kennengelernt.

Professor Meier erreichte eine Gruppe, die **ganz anders** aussah.

Die jungen Männer trugen schwarze **Kleidung** und **einen eckigen Bart.**

Ein **riesiger schwarzer Topf** hing an einer Kette über einem offenen Feuer. Der Professor näherte sich der Gruppe.

»Guten Abend, Sprechen Sie Deutsch?«

»Ja natürlich«, antwortete der Student

»Darf ich fragen, was Sie im Topf haben«, fragte Professor Meier.

»Nur Wasser«, sagte der Fremde.

»Nur Wasser? Werde sie denn heute abend gar nicht kochen?«

»Doch sicher«, antwortete der fremde Mann und lächelt höflich.

»Nun, jetzt bin ich aber neugierig geworden«, lächelte der Professor zurück und wollte mehr wissen. »Bitte verraten Sie es mir. **Was wird hier gekocht?**«

»Na gut, ich sage Ihnen **die Wahrheit**. Wir **haben eine Rechnung mit einen Landsmann offen.** Wenn das Wasser kocht, werden wir den Mann **reinwerfen** und exekutieren.«

Zusammenfassung

Auf einem internationalen Kochfest treffen sich Studeten aus aller Welt und kochen nationale Gerichte. Eine Gruppe aus dem Nahen Osten benutzt das Fest, um einen Mord an einen Landsmann vorzubereiten.

Vokabeln und Redewendungen

die Studenten kamen von überall - *the students came from everywhere*

verteten - *represented*

eine grosse Anzahl - *a large number*

verteilen / verteilt - *to distribute / distributed*

Vorort - *suburb*

auf einer grossen Wiese - *at a large field*

gegenüber - *across*

ein internationales Kochfest - *an international cooking festival*

Zutaten - *ingredients*

Herkunft - *origin*

verkauften an Einheimische - *selling to the natives*

exotischen Gewürzen - *exotic spices*

..beobachtete gespannt das Geschehen - *..observed the happening with anticipation*

Duft / Düfte - *aroma*

der Stand - *stand / table*

Strassenfest - *street festival*

ganz anders - *totally different*

Kleidung - *clothings*

eckiger Bart - *squared beard*

riesigen, schwarzen Topf . *huge, black pot*

Was wird hier gekocht? - *what's cooking here?*

die Wahrheit - *truth*

haben eine Rechnung mit einen Landsmann offen - *(synonym) having an unpaid bill with a fellow countryman / having a beef with s.o.*

reinwerfen - *to throw in*

Lernfragen

Was befindet sich auf der Wiese?

Woher kommen die Studenten?

Was befand sich im grossem Zelt?

97. Aupair in England

Die Eltern von Nicole **meinten es gut mit ihrer Tochter.** Sie wollten ihre Tochter als Aupair **nach England schicken**. Eine Agentur organisierte **die Unterbringung** bei einer englischen Familie. Der Grund, dass Nicole mitmachen sollte, war, ihr Englisch zu verbessern.

Die Agentur hatte **viel Geld verlangt.** Aber die Eltern von Nicole zahlten die Reise gerne, denn **die Ausbildung der Tochter war das Wichtigste!** Die Reise war schon lange geplant, und Nicole freute sich schon sehr. Ihre Eltern sprachen kein Englisch und wollten, dass Nicole perfektes Englisch lernt.

Die Gastfamilie war eine Familie, wo Nicole für einige Wochen wohnen sollte. Im **Vertrag** mit der Agentur stand auch, dass sie andere Aupair Mädchen treffen würde. Im August war es soweit. **Die Eltern begleiteten Nicole bis zum Flughafen.** Weinend **verabschiedeten** sich die Eltern von ihrer Tochter.

Einen Monat verblieb Nicole bei der fremden Familie. Sie durfte nicht telefonieren und im Haus gab es kein Internet. Deshalb ging Nicole oft **zur Post**, um ihren Eltern eine Postkarte zu schicken. Die Eltern waren sehr besorgt. Nur ein Brief erreichte die Eltern, **bevor Nicole zurück nach Deutschland flog**. Die Eltern freuten sich sehr ihre Tochter wiederzusehen. Natürlich wollten die Eltern wissen, **ob Nicole jetzt gut Englisch sprach**. Die Tochter erklärte es ihnen. »Nein, Englisch habe ich nicht gelernt. Die Gastfamilie hat mehr Hindu als Englisch gesprochen. Das waren Einwanderer aus Indien.«

»Das heisst, die ganze Reise war umsonst«, fragte die Mutter. »Nein **überhaupt nicht**", antwortete die Tochter. Aber ich weiss jetzt was Masala Fisch ist.«

Zusammenfassung

Ein junges Mädchen wird von ihren Eltern nach England geschickt, um dort bei einer Familie als Aupair zu arbeiten und Englisch zu lernen. Als sie zurückkommt, hat sie kein Wort Englisch gelernt, aber indische Kochgerichte kennengelernt. Die Gastfamilie sind

Einwanderer aus Indien.

Vokabeln und Redewendungen

meinten es gut mit ihrer Tochter - *meant well for their daughter*

nach England schicken - *to send to England*

die Unterbringung - *accomodation*

viel Geld verlangt - *demanded a lot of money*

die Ausbildung der Tochter war das Wichtigste - *the education of the daugher was most important*

die Gastfamilie - *host family*

der Vertrag - *the contract*

die Eltern begleiteten Nicole bis zum Flughafen - *the parents accompanied her to ther airport*

verabschieden - *saying goodbye*

die Post - *post office*

bevor Nicole zurück nach Deutschland flog - *before Nicole went back to Germany*

ob Nicole jetzt gut Englisch sprach - *if Nicole spoke English by now*

überhaupt nicht - *not at all*

Lernfragen

Warum schicken die Eltern Nicole nach England?

Warum lernt Nicole in England kein Englisch?

Was hat Nicole in England kennengelernt?

98. Der historische Kunsthändler

Früher war Werner Schultz Schauspieler im Theater. In Berlin war er **relativ bekannt**, er hatte es sogar geschafft eine **wichtige Rolle für eine Fernsehserie** zu bekommen, wo er einen **glaubwürdigen** Kriminellen spielte. Herr Schultz war angeblich nie **unvermögend** und hatte sich schon immer für **Kunst und Antiquitäten** interessiert.

Jetzt war er über fünfzig, und die Rollen beim Film und Theater wurden weniger. Allerdings hatte sich Herr Schultz schon in **seiner Zeit als Schauspieler** auch einen Namen als Künstler für **Gemälde** gemacht. Man kann sagen, Herr Schultz war ein richtiger **Künstler** und auch Kunstliebhaber, denn er hatte ein grosses **Fachwissen**, insbesondere für antike Gemälde. Mit Impressionisten des 19. Jahrhunderts kannte er sich gut aus.

Nach all den Jahren als Künstler, Schauspieler und Experte für Gemälden, war Herr Schulz auch in den Antiquitäten

Geschäften und Galerien **ein gern gesehener Mann.** Herr Schultz kaufte viele Gemälde und Antiquitäten in den **Geschäften und Kunstgalerien**. Aber noch grösser war sein Ruf als guter **Einlieferer**. Die Qualität seiner Gemälde und **Ware**, die er zum Verkauf anbot, war erstklassig. Eines Tages konnte man in der Zeitung lesen, dass der bekannte Kunsthändler und Schauspieler Werner Schulz gestorben war.

Keiner wusste, woran er starb. Herr Schultz hatte keine Verwandte, deshalb suchten die Journalisten nach Freunden und Verwandten. **Vor kurzer Zeit wurden die Journalisten fündig**. Herr Schultz war **ein entfernter Verwandter** von Hermann Göring.

Zusammenfassung

Ein Schauspieler sammelt Kunst und Antiquitäten. Er ist sehr beliebt und liefert viel Ware in Geschäfte und Auktionshäuser ein. Nach dem Tod des Mannes, stellt sich heraus, dass er ein Verwandter Hermann Görings war.

Vokabeln und Redewendungen

relativ bekannt - *relatively known*

wichtige Rolle für eine Fernsehserie - *important role in a TV series*

glaubwürdig - *authentic*

guter Einlieferer - *good client*

unvermögend - *unfunded*

Kunst und Antiquitäten - *art and antiquities*

seine Zeit als Schauspieler - *his time as an actor*

Gemälde - *painting*

Künstler - *artist*

Fachwissen - *expert knowledge*

gern gesehener Mann - *a popular man*

Geschäften und Kunstgalerien - *business and art galleries*

die Ware - *merchandise*

keiner wusste, woran er starb - *nobody knew the reason for his death*

vor kurzer Zeit wurden die Journalisten fündig - *recently the jurnalists found out*

ein entfernter Verwandter - *a distant relative*

CHRISTIAN STAHL

Lernfragen

Warum ist Herr Schulz so beliebt?

Woher, glaubst du, hat Herr Schulz die Ware bekommen?

Was konnte man eines Tages in der Zeitung lesen?

99. Der Bewertungs Club

Diana kommt **ursprünglich** aus London, lebt aber seit fast einem Jahr in Spanien, nahe der Stadt Marbella. **Sie vermietet ein Teil ihrer Eigentumswohnung** und verdient zusätzlich noch Geld durch ihr Online-Geschäft.

Sie veröffentlicht Selbst-Hilfe Bücher auf Amazon. Diana fühlt sich in Spanien sehr wohl, **das Einzige was fehlt**, sind soziale Kontakte. Freundschaften und Kontakte sind als **Ausländer** in Spanien nicht einfach zu finden, denn die meisten Ausländer kommen **aus unterschiedlichen Ländern.**

Diana hat eine Idee. Warum nicht einen kleinen Club gründen? Einen neuen Club, der aus Leuten mit den gleichen Interessen besteht. **Sie schaltet eine Anzeige** in einem bekannten Internat Portal für Expatriaten. "Künstler und Buchautoren treffen sich für gegeseitige Bewertungen".

Am folgenden Sonntag treffen sich tatsächlich mehrere Ausländer aus verschiedenen Länder in einem Lokal. Die Leute sind sich sympatisch und alle Teilnehmer sprechen über ihre Bücher. **Die meisten von ihnen veröffentlichen ihre** Bücher **selbst** auf Amazon.

Die Gruppe vereinbart ein System. Per E-mail wird allen Mitgliedern das neue Buch zugesandt. Nachdem jedes **Mitglied** das neue Buch gekauft hat, wird eine positive Bewertung auf Amazon veröffentlicht. **Schon nach wenigen Wochen** wird der Club zum vollen Erfolg. **Eines Tages erhält Diana eine E-mail eines neues Mitgliedes**, der gerade ein neues Buch herausgebracht hat. Diana staunt, als sie den Titel des Buches liest: "Amazons schlechter Kern - **Das verdorbene Geschäft mit gefälschten Buch Bewertungen**

Zusammenfassung

Diana lebt in Spanien und sucht soziale Kontakte. Sie gründet einen Club wo sich Künstler und Autoren treffen. Die Künstler tauschen sich gute Bewertungen auf Amazon aus. Ein Mitglied veröffentlich ein Buch, dass die gefälschten Bewertungen auf Amazon detailiert beschreibt.

Vokabeln und Redewendungen

ursprünglich - *originally*

sie vermietet ein Teil ihrer
Eigentumswohung - *she rented a part of
her apartment*

sie veröffentlicht Selbst-Hilfe Bücher auf
Amazon - *she published self help book on
Amazon*

das Einzige was fehlt - *the only thing
missing*

Ausländer - *foreigner*

sie schaltet eine Anzeige - *she paid an
advert*

am folgenden Sonntag - *the following
Sunday*

die Gruppe vereinbart ein System - *the
group agreed to a system*

das Mitglied - *member*

nach wenigen Wochen - *after a few weeks*

eines Tages erhält Diana eine Email eines
neues Mitlgiedes - *one day Diana received
an email of a new member*

das verdorbene Geschäft mit gefälschten

Buch Rezesionen - *the rotten business with faked book reviews*

Lernfragen

Was veröffentlicht Diana auf Amazon?

Was ist in Spanien nicht einfach zu finden?

Welche Idee hat Diana?

100. Ein Michelin Stern ist nicht genug

Die zwei Brüder Anton und Michael sind **gelernte Gastronomen**, ausgebildet auf einer **Fachschule** in der Schweiz. Beide habe schon in bekannten französischen Restaurants gearbeitet und sich **einen guten Ruf erworben.**

Vor zehn Jahren eröffneten sie ihr eigenens Restaurant in Berlin. Es **dauerte** nur wenige Jahre, bis das Restaurant tatsächlich mit dem ersten Michelin Star ausgezeichnet wurde. Finanziell wurde das Restaurant zum grossen **Erfolg** und **ein zweiter Stern folgte nur zwei Jahre später.**

Letztes Jahr eröffneten die Brüder ein zweites Restaurant in einen anderen **Stadtteil**. Dann kam der grosse Schock. Eines Tages, erfuhren die Brüder, dass sie nur noch **einen Michelin Star für das erste Restaurant** erhielten.

Ein Freund, der für einen **Verlag** arbeitet,

verriet den Brüdern, dass sie einen Stern weniger bekamen, **weil sie ihre Suppe in Plastikbeutel** von einem Restaurant zum anderen trugen.

Die Brüder waren **sehr verärgert**. In einer lokalen Radioshow beschwerten sich die Brüder über **die Bewerter**.

Danach folgten viele Anrufe. **Der Grund der Anrufe war eine Überraschung.** Viele Kunden riefen im Restaurant an und wollten **Suppe zum Mitnehmen** kaufen. Es folgten immer mehr tägliche **Anfragen** nach Suppen.

Durch die Radioshow kamen immer **mehr Gäste. Jeden Abend** kamen mehr Gäste und kauften Suppe zum Mitnehmen. **Der Umsatz stieg ennorm. Schliesslich planten die Brüder ein drittes Restaurant.** Diesmal Suppen mit Lieferservice

Zusammenfassung

Zwei Brüder haben mehrere Restaurant. eröffnet. Sie haben bereits zwei Michelin Sterne. Weil sie die Suppen in Plastikbeutel von einem Restaurant zum anderen transportieren, wird ihnen ein Stern

abgezogen. Viele Gäste erfahren davon und
kaufen Suppe zum Mitnehmen.

Vokabeln und Redewendungen

gelernte Gastronomen - *professional
restaurateurs / gastronoms*

die Fachschule - *technical college /
specialized school*

einen guten Ruf erworben - *gain a good
reputation*

**vor zehn Jahren eröffneten sie ihr
eigenens Restaurant** - *ten years agon they
opened their own restaurant*

es dauerte - *it lasted*

tatsächlich - *actually*

der Erfolg - *success*

**..einen Michelin Stern für das erste
Restaurant** - *..a Michelin star for the first
restaurant*

der Verlag - *publlsher*

..ihre Suppe in Plastikbeutel - *..their soup
in plastic bags*

sehr verärgert - *very annoyed*

die Bewerter - *the reviewers*

der Grund der Anrufe war eine

Überraschung - *the reason for the calls were a surprise*

eine Suppe zum mitnehmen - *a soup for to go*

mehr Anfragen - *more requests*

jeden Abend - *every evening*

der Umsatz stieg - *the revenues increased*

schliesslich planten die Brüder ein drittes Restaurant - *finally the brothers made plans for a third restaurant*

Lernfragen

Wann bekam das Restaurant den zweiten Michelin Stern?

Worüber beschweren sich die Brüder?

Warum stieg ihr Umsatz?

The classic German short shorty

Classic German short stories or novellas were very popular by the beginning of the 20th century. They were used as study material and as a means to get familiar with German culture and literature. Those novellas and tales are often longer and more complex in grammar with a wider range of vocabulary than most modern short stories, nevertheless classic stories can be of excellent learning value as long as the student takes his/her time to learn the vocabulary and is willing to translate some parts of the material.

101. Die Wanderung (Stefan Zweig 1902)

Dunkle Gerüchte waren durch das Land gezogen und seltsame Worte, als sollte die Zeit sich erfüllt haben und der Messias nahe sein. Immer häufiger kamen Männer von Jerusalem zu den kleineren Orten Judäas und erzählten von Zeichen und Wundern, die sich ereignet hatten. Und wenn sie zu wenigen beisammen waren, dann senkten sie ihre Stimmen geheimnisschwer, um von dem seltsamen Manne zu künden, den sie Meister nannten. Allerorts hörte man sie dann gerne und glaubte ihnen mit banger Zuversicht, denn die Sehnsucht nach dem Erlöser war drängend und reif geworden im Volke, wie eine Blüte, die ihren Kelch zersprengt. Und wenn man der Verheißungen in den heiligen Büchern gedachte, so nannte man seinen Namen, und ein hoffnungsfrohes Leuchten flammte in den Blicken.

Damals lebte auch ein Jüngling im Lande, dessen Herz gläubig war und erwartungsvoll.

Die armen Pilger, die des Weges von Jerusalem kamen, lud er in sein Haus, daß sie ihm vom Heilande berichteten, und wenn sie von ihm sprachen und von seinen wunderseligen Taten und Worten, da fühlte er einen dumpfen Schmerz im Herzen, denn sein Verlangen wurde jäh und ungestüm, das Angesicht des Erlösers

zu schauen. Tag und Nacht träumte er von ihm, und seine rastlose Sehnsucht formte tausend Bilder seines Antlitzes voll Güte und Milde, er aber fühlte, daß sie doch nur stammelnde Abbilder einer großen Vollendung seien. Und ihm war, als müßte alle Unrast und Schmerzlichkeit seiner jungen Seele schwinden, dürfte er nur einmal den leuchtenden Glanz tragen, der von dem Herrn ausging. Noch aber wagte er es nicht, Heimat und Arbeit zu verlassen, die ihn ernährten, und dorthin zu gehen, wohin ihn seine Sehnsucht wies.

Einmal aber erwachte er plötzlich in tiefer Nacht aus einem Traum. Er vermochte sich seiner nicht mehr zu besinnen, nicht einmal, ob er ihm Glück gegeben oder einen Schmerz; er fühlte nur so, als ob ihn jemand von ferne gerufen hätte. Und da wußte er, daß der Heiland ihn zu sich entboten. Im schwersten Dunkel erwuchs ihm noch der jähe Entschluß, daß er nun nicht mehr zaudern dürfe, seines Herrn Angesicht zu schauen, und der sehnsüchtige Drang ward so siegreich und mächtig in ihm, daß er sich sogleich ankleidete, einen starken Wanderstab nahm und, ohne jemandem ein Wort zu sagen, aus dem schlummernden Hause ging, den Weg gegen Jerusalem zu.

Helles Mondlicht lag auf der Straße, und der Schatten seiner hastenden Gestalt eilte vor ihm her. Denn sein Schritt war beschleunigt und beinahe ängstlich; es schien, als wollte er das monatelange Versäumnis in dieser einen Nacht wett machen. In ihm bangte ein Gedanke, den er sich kaum zu sagen wagte: es könnte zu spät sein, und er würde den Heiland nicht mehr finden. Und manchmal überkam ihn auch die bange Furcht, er könnte den Weg verfehlen. Aber dann gedachte er des innigen Wunders, das er vernommen

von drei Königen aus fernem Lande, die ein leuchtender Stern durch das Dunkel geführt. Und da verließ wieder die lästige Schwere seine Seele, und der eilende Wanderschritt hallte sicher und fest auf dem harten Pfade.

Einige Stunden eilte er so dahin, dann ward
es Morgen. Langsam hob sich der Nebel und
zeigte das farbensatte Hügelland mit seinen
fernen Bergen und hellen Gehöften, die zur
Rast einluden. Er aber hielt nicht inne auf
seiner Wanderung, sondern strebte
unablässig weiter. Langsam stieg die Sonne
höher und höher. Und es ward ein heißer Tag,
der sich schwer über das Land legte.

Bald wurde sein Schritt langsamer. Lichte
Schweißperlen tropften von seinem Körper,
und das schwere Feiertagsgewand begann
ihn zu drücken. Zuerst legte er es über die
Schulter, um es zu bewahren, und ging in
ärmlicher Gewandung dahin. Bald aber
begann er die Schwere der Last zu fühlen und
wußte nicht mehr, was er mit dem Kleide
beginnen sollte. Er wollte es nicht weggeben,
denn er war arm und hatte kein anderes
Feiertagsgewand, so daß er schon daran
dachte, es im nächsten Dorfe zu verkaufen
oder als Pfand für Geld zu geben. Aber als ein
Bettler mühselig des Weges daherkam,
dachte er seines fernen Meisters und
schenkte das Gewand dem Armen.

Eine kurze Zeit ging er wieder rüstiger, doch
dann verlangsamte sich von neuem sein

Gang. Die Sonne stand schon hoch und heiß, und die Schatten der Bäume fielen nur als schmale Streifen über den staubigen Weg. Sehr selten kam ein schwacher Wind durch die stockende Mittagsschwüle, der aber trieb den breitkörnigen und schweren Staub der Straße mit sich, der sich an den schweißüberströmten Körper klebte. Und er fühlte ihn auch auf den vertrockneten

Lippen brennen, die lange nach einem Trunke lechzten. Aber die Gegend war gebirgig und öde, nirgends war ein frischer Quell zu sehen oder ein gastliches Haus.

Manchmal kam ihm der Gedanke, er sollte umkehren oder doch wenigstens im Schatten einige Stunden rasten. Aber eine immer wachsende Unruhe trieb ihn weiter mit schwankenden Knieen und lechzenden Lippen seinem Ziele entgegen.

Inzwischen war es Mittag geworden. Die Sonne brannte heiß und stechend vom wolkenlosen Himmel herab, und die Straße glühte unter den Sandalen des Wanderers wie flüssiges Erz. Seine Augen waren rot und geschwollen vom Staube, der Gang wurde immer unsicherer, und die ausgetrocknete

Zunge vermochte nicht mehr den seltenen Vorüberwandernden den frommen Willkommengruß zu erwidern. Längst hätten alle Kräfte versagt, aber es war, als triebe der Wille allein ihn noch vorwärts und die furchtbare Angst, er könnte sich verspäten und möchte das leuchtende Antlitz nicht mehr schauen, das seine Träume erhellte. Und der höhnische Gedanke, daß er ihm schon nahe sei, nur mehr zwei armselige Stunden von der heiligen Stadt, drohte ihm das Gehirn zu zersprengen.

Bis zu einem Hause am Wege schleppte er sich noch fort. Mit letzter Kraft warf er den knorrigen Wanderstab gegen die Tür und bat die öffnende Frau mit trockener und fast unhörbarer Stimme um einen Trunk. Dann brach er ohnmächtig über der Schwelle zusammen.

Als er wieder zur Besinnung erwachte, fühlte er wieder sichere und frische Kraft in seinen Gliedern. Er fand sich in einem kleinen Raum von wohltuender Kühle auf einem Ruhebette ausgestreckt. Und überall die Spuren einer

mildtätig-sorglichen Hand; sein glühender Körper war mit Essig gewaschen worden und

sorgfältig gesalbt, und neben seinem Lager
stand noch das Gefäß, aus dem man ihn
gelabt.

Sein erster Gedanke galt der Zeit, und er
sprang rasch vom Lager, um nach der Sonne
zu sehen. Die stand noch hoch, denn es war
erst früher Nachmittag, so daß er wenig Zeit
versäumt hatte. In diesem Augenblicke trat die
Frau ins Zimmer, die ihm früher das Tor
geöffnet. Sie war noch jung und dem
Aussehen nach eine Syrierin; wenigstens
hatten ihre Augen jenen dunklen
raubtierartigen Glanz der Frauen dieses
Volkes, und ihre Hände und Ohrgehänge
verrieten die kindliche Freude am Schmuck,
die allen diesen Frauen eigen ist. Ihr Mund
lächelte leise, als sie ihm Willkommen in
ihrem Hause bot.

Er sagte ihr warmen Dank für ihre
Gastfreundschaft, wagte es aber nicht, gleich
vom Abschied zu sprechen, so sehr ihn auch
sein Herz auf den Weg drängte. Und nur
ungern folgte er ihr in das Speisegemach, wo
sie ihm eine Mahlzeit vorbereitet. Dort hieß sie
ihn mit einer Gebärde sich niederzulassen,
fragte ihn dann nach seinem Namen und um
das Ziel seiner Reise. Und bald kamen sie ins

Gespräch. Sie begann von sich zu erzählen, daß sie die Frau eines römischen Centurio sei, der sie aus ihrem Heimatlande entführt hatte und hierhergebracht, wo ihr das Leben in seiner Eintönigkeit, fern von ihren Stammesgenossen, wenig behage. Heute bliebe er den ganzen Tag in der Stadt, denn Pontius Pilatus, der Statthalter, habe die Hinrichtung dreier Verbrecher angeordnet. Und so sprach sie noch allerlei gleichgültige Dinge mit viel Geschäftigkeit, ohne auf seine unruhige und ungeduldige Miene zu achten. Und manchmal

sah sie ihn mit einem eigentümlich lächelnden Blick an, denn er war ein schöner Jüngling.

Zuerst bemerkte er von alldem nichts, denn er achtete nicht auf sie und ließ ihre Worte wie ein sinnloses Geräusch an sich vorbeiströmen. Sein ganzes Denken verlor sich immer wieder in dem einzigen Gedanken, daß er weiterwandern müsse, um noch heute den Heiland zu sehen. Aber der schwere Wein, den er achtlos trank, gab seinen Gliedern Müdigkeit und Schwere, und mit der Sättigung überkam ihn auch das sanfte Gefühl einer trägen Behaglichkeit. Und als die sinkende Willenskraft ihn nach dem Mahle zu einem matten Versuche zwang, Abschied zu nehmen, hielt sie ihn mit Hinblick auf die drückende Hitze des Nachmittags ohne viel Mühe zurück.

Und lächelnd verwies sie ihm seine Hast, die mit wenigen Stunden geize. Wenn er schon Monate gezögert, dürfe er doch nicht mit einem einzigen Tage rechnen. Und mit ihrem seltsamen Lächeln kam sie immer wieder darauf zurück, daß sie allein zu Hause sei, ganz allein. Dabei bohrte sich ihr Blick verlangend in den seinen. Und auch über ihn war eine seltsame Unruhe gekommen. Der Wein hatte in ihm dumpfe Begierden geweckt, und sein Blut, das in dem kochenden, verzehrenden Brande der Sonne geglüht, pochte in seinen Adern mit einer seltsamen Schwüle, die sein Denken immer mehr überwältigte. Und als sie ihr Antlitz einmal nah zu dem seinen neigte und er den verlockenden Duft ihrer Haare einsog, riß er sie zu sich und küßte sie in stürmischem Überschwang. Und sie wehrte ihm nicht...

Und er vergaß seiner heiligen Sehnsucht und dachte nur derer, die er in seinen fiebernden

Armen hielt, einen langen schwülen
Sommernachmittag lang.

Erst die Dämmerung erweckte ihn wieder aus
seinem Taumel. Jäh, fast feindselig riß er sich
aus ihren Armen los, denn der Gedanke, er
könnte den Messias versäumt haben um
eines Weibes willen, machte ihn furchterfüllt
und wild. In Hast nahm er seine Kleider, ergriff
den Stab und verließ das Haus nur mit einer
stummen Gebärde des Abschieds. Denn wie
eine Ahnung war es in ihm, daß er dieser Frau
nicht Dank sagen dürfe.

In unaufhörlicher Hast strebte er Jerusalem
zu. Der Abend war schon gesunken, und in
allen Ästen und Zweigen bebte ein Rauschen
wie von einem dunklen Geheimnis, das die
Welt erfüllte. Und ferne in der Richtung gegen
die Stadt zu lagen ein paar dunkelschwere
Wolken, die langsam im Abendrote zu glühen
begannen. Und sein Herz erschrak in jäher
und unverständlicher Angst, wie er dieses
grelle Zeichen am Himmel erkannte.

Atemlos legte er den Rest des Weges zurück,
und schon lag das Ziel vor seinen Augen. Er
aber dachte immer wieder, daß er seiner
Berufung untreu geworden sei, um einer

flüchtigen Wollust willen, und die dumpfe Schwere in seinem Herzen wollte nicht leichter werden, ob er auch die hellen Mauern und blanken Türme der heiligen Stadt erblickte und die leuchtenden Zinnen des Tempels.

Nur einmal hielt er inne auf seiner Wanderung. Nahe der Stadt, auf einem niederen Hügel, sah er eine gewaltige Menge Menschen, die sich wirr durcheinander drängte und so laut lärmte, daß er die Stimmen selbst aus der Ferne vernahm. Und über ihnen sah er drei Kreuze ragen, die sich schwarz und scharf von der Himmelswand abhoben. Diese aber war überflutet von heller Glut, als sei die ganze Welt mit leuchtendem Flammenschein übergossen und in drohenden Glanz getaucht. Und die blanken Speere der Söldner glühten, als seien sie mit Blut befleckt....

Ein Mann kam auf dem menschenleeren Weg daher, mit ziellosem, unruhigem Gang. Den fragte er, was hier geschehe, um im nächsten Augenblick maßlos zu erstaunen. Denn das Antlitz, das der Fremde vom Boden erhob, war so schreckverzerrt und erstarrt, wie von einem jähen Schlage gerührt, und ehe sich der Fragende fassen konnte, stürmte er in wilder Verzweiflung davon, wie von Dämonen verfolgt. Verwundert rief er ihm nach. Der Fremde wendete sich nicht um, sondern lief fort und fort, aber dem Weiterwandernden dünkte es, als hätte er in ihm einen Mann aus Kerijoth, namens Judas Ischariot, erkannt. Doch er verstand nicht sein seltsames Gebaren.

Den Nächsten, der des Weges vorüberzog, befragte er ebenfalls. Der aber war eilig und sagte nur, es seien drei Verbrecher gekreuzigt worden, die Pontius Pilatus verurteilt habe. Und ehe er ihn weiter fragen konnte, war er vorüber.

Und da ging er selbst weiter gegen Jerusalem zu. Einmal warf er noch einen Blick zurück auf den Hügel, der wie mit Blut umwölkt war, und sah zu den drei Gekreuzigten hin. Zum Rechten, zum Linken und zuletzt zu dem in der Mitte. Aber er konnte sein Angesicht nicht mehr erkennen.

Und er schritt achtlos vorüber und wanderte zur Stadt, um in das Antlitz des Erlösers zu schauen.

DOWNLOAD AUDIO

Here you have access to 2 mp3 files which include the 100 short stories of the book.

40 stories are recorded by a male voice and 60 recoreded by a female voice. (Both from German native speakers in High German)

https://bit.ly/2JeAZAP (Male voice)

(Stories 1- 40)

https://bit.ly/2M44W4
(Female voice)

(Stories 41- 100)

Thank you for your time reading this book. I hope you have enjoyed reading the short stories, but most importantly, I hope that your German has improved as a result.

Why not share this information with anyone you care about?

I'd like to ask you for a favor, would you be kind enough to leave a review for this book? It helps other people to find this book, and you would do something positive to spread the language. Anyway, it'd be greatly appreciated!

Christian Stahl

For questions and suggestions regarding this book you can contact me via my website: https://chrisstahl.000webhostapp.com/